子どもの学びが
深まる・広がる

通知表所見
文例集

小学校
低学年

評価実践研究会

［著］

JN097719

東洋館出版社

はじめに

　「生きる力」の育成を目指し、資質・能力を3つの柱で整理して社会に開かれた教育課程の実現に向けて改訂された『新学習指導要領』の完全実施に伴い、令和2年3月26日『「指導と評価の一体化」のための学習評価に関する参考資料』が提示されました。そこで、何回かの改訂を試みながら発刊してきました本書でありますが、今回は時間をかけて新しい3観点の研究を行い、若い教師からベテラン教師まであらゆる先生方に参考にしていただけるように全面改訂をいたしました。

　本シリーズを古くから「愛読書」として親しんできていただきました読者から「新しい単元に入る前には必ず本書を読み、『付けたい力』の参考にしていた」とのメッセージがあります。この話を聞き、感動したことを忘れません。このような読者の期待を裏切らないように、各教科の代表的な単元に合わせてできる限り具体的な表記になるように各執筆者が工夫を凝らしました。もちろん、各自治体で採用されている教科書によって教材が違いますので、その部分も加味して参考文例を考えました。

　かくして、「次の単元の押さえどころは？」という Plan に始まり、「授業！」Do、「日々の授業の中での評価！」Check、「授業改善に生かす！」Action、「記録をする！」Record に活用できる文例集を目指して編集しました。学年に1冊ではなく、1人1冊を目指して全国の教師の愛読書となるべく研究を進めてきました。今回は、時代に合わせてCD-ROMもつきますが、そのままコピー＆ペーストをするのではなく、細部にわたってはクラスの実態や子どもの実態に合わせて工夫をお願いしたいと思います。

　本書では、「指導と評価の一体化」を行うための具体を示しています。未来が全く予期できない世の中で「持続可能な開発のための教育（ESD）」の実現に向けて全力で子どもたちと立ち向かう先生方の少しでも力になればと、本書を刊行いたします。

　このような本書の意図が読者の皆様に受け入れられて goods（グッズ）として効用を与えることができるなら、編集者、著者ともに望外の喜びであります。本書の作成に当たり、東洋館出版社の近藤智昭氏、村田瑞記氏には編集者の視点に立って本書の質的向上に努めてくださいました。ここに紙面を借り心より謝意を表します。

　令和2年6月

評価実践研究会

新しい学習評価

1 評価規準の観点

　新学習指導要領では、各教科等の目標や内容を「知識及び技能」「思考力、判断力、表現力等」「学びに向かう力、人間性等」の資質・能力の3つの柱で整理しています。そのため、新学習指導要領の下での指導と評価の一体化を推進する観点から、観点別学習状況の評価の観点についても、これらの資質・能力に関わる「知識・技能」「思考・判断・表現」「主体的に学習に取り組む態度」の3観点に整理することとされました。

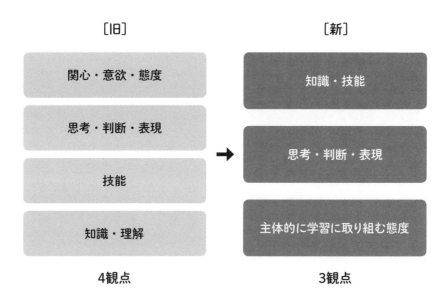

2 資質・能力の3つの柱をどのように評価するか

　「知識・技能」「思考・判断・表現」「主体的に学習に取り組む態度」を適切に評価していくためにも、今回示された学習評価についての基本的な構造を理解する必要があります。

図　各教科における評価の基本構造

各教科における評価は、学習指導要領に示す各教科の目標や内容に照らして学習状況を評価するもの（目標準拠評価）。
したがって、目標準拠評価は、集団内での相対的な位置付けを評価するいわゆる相対評価とは異なる。

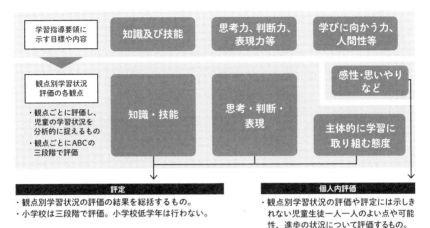

・観点別学習状況の評価の結果を総括するもの。
・小学校は三段階で評価。小学校低学年は行わない。

・観点別学習状況の評価や評定には示しきれない児童生徒一人一人のよい点や可能性、進歩の状況について評価するもの。

※外国語活動や総合的な学習（探究）の時間、特別の教科である道徳、特別活動についても、それぞれの特質に応じ適切に評価する。

　上の図は、「学習指導要領に示す目標や内容」と「観点別学習状況評価の各観点」の関係と、それをどのような形で評価するか（評定・個人内評価）を示しています。

　特に、「主体的に学習に取り組む態度」の観点について考える際には、まず、資質・能力の柱である「学びに向かう力、人間性等」との関係を読み解く必要があります。この点については、❶主体的に学習に取り組む態度として観点別学習状況の評価を通じて見取ることができる部分と、❷観点別学習状況の評価や評定にはなじまない部分があることに留意する必要があります。そのため、「主体的に学習に取り組む態度」は次のように評価していきます。

❶ 知識及び技能を獲得したり、思考力、判断力、表現力等を身に付けたりすることに向けた粘り強い取組の中で、自らの学習を調整しようとしているかどうかを含めて評価する。

❷ 評価や評定にはなじまない部分は、個人内評価（子ども1人1人のよい点や可能性、進歩の状況について評価するもの）等を通じて見取るべきで、特に「感性や思いやり」など子ども1人1人のよい点や可能性、進歩の状況などについては、積極的に評価し子どもに伝える。

通知表記入に当たっての留意点

1　他の子どもと比べた記入はNG。その子の成長を記入する

　所見は、個の成長を本人とその保護者に知らせるものです。また、どうしたら成長できるのかを、個に合わせて助言するものです。したがって、「～と比べて」「○○さんは～でしたが、□□さんは…」などの表現は、子どもの気持ちを落ち込ませてしまう場合があるので避けましょう。また、保護者の受け止めも非常に悪いものになるので注意しましょう。

2　子どもの様子を具体的に書こう！

　通知表は、主に保護者が見て、子どもの様子を知るものです。できるだけ具体的に書き、時には保護者の協力を求めることも必要です。例えば、「かけ算の方法については分かっています。応用問題にも…」「歴史については理解が深まりました。さらに政治について…の指導をしてきました」「クロールが25m泳げるようになりました。平泳ぎも泳げるようにがんばっていました」というように記入すれば、その子が何を学習してきたのか、また何が足りなかったのかが分かるでしょう。

3 子どものよいところを書くようにしよう！

　通知表を記入するに当たっては、どんな子どもでも、その子のよい面を探して書くことが大切です。子どもたちは、よい面を評価されたことで、教師を信頼するようになり、また、意欲的になっていきます。欠点を書くことが必要な場合もありますが、そのような折はどこかで必ずフォローするようにしましょう。

4 意欲の継続を褒めるようにしよう！

　子どもを褒める文例を書く際は、素質などよりも、意欲の継続を褒めるようにしましょう。そのため、日々の授業では、子どもが自らの理解の状況を振り返ることができるような発問の工夫をしたり、自らの考えを記述したり話し合ったりする場面、他者との協働を通じて自らの考えを相対化する場面を、単元や題材などの内容のまとまりの中で設けたりするなど、「主体的・対話的で深い学び」の視点からの授業改善を図る中で、自らの学習を調整しようとしたり、粘り強く取り組んでいる様子を適切に評価できるようにしていくことが重要です。

5 保護者に信頼される通知表を！

　保護者は通知表を通して、子どもの学校生活の様子を知ることになります。そのため、子どもの人格や家庭環境などにはふれず、子どもたちを励まし、今学期、何をどれだけがんばってきたのかを示し、保護者の信頼を得る文章を心がけましょう。

I 章

学校生活の様子
〈指導要録の項目別〉

1　基本的な生活習慣
2　健康・体力の向上
3　自主・自律
4　責任感
5　創意工夫
6　思いやり・協力
7　生命尊重・自然愛護
8　勤労・奉仕
9　公正・公平
10　公共心・公徳心

◎　よくできる子に対する文例
○　おおむねできる子に対する文例
△　もう少しの子に対する文例

学校生活の様子

指導要録の観点とその趣旨	
観点	趣旨
❶基本的な生活習慣	●安全に気をつけ、時間を守り、物を大切にし、気持ちのよいあいさつを行い、規則正しい生活をする。
❷健康・体力の向上	●心身の健康に気をつけ、進んで運動をし、元気に生活をする。
❸自主・自律	●よいと思うことは進んで行い、最後までがんばる。
❹責任感	●自分でやらなければならないことは、しっかりと行う。
❺創意工夫	●自分で進んで考え、工夫しながら取り組む。
❻思いやり・協力	●身近にいる人々に温かい心で接し、親切にし、助け合う。
❼生命尊重・自然愛護	●生きているものに優しく接し、自然に親しむ。
❽勤労・奉仕	●手伝いや仕事を進んで行う。
❾公正・公平	●自分の好き嫌いや利害にとらわれないで行動する。
❿公共心・公徳心	●約束やきまりを守って生活し、みんなが使うものを大切にする。

1　基本的な生活習慣

評価のチェックポイント

●気持ちのよいあいさつができ、言葉遣いがきちんとしているか？

●落ち着いて生活ができ、忘れ物や落し物をしないで生活しているか？

●身だしなみをきちんとして、時間やきまりを守って生活しているか？

◎　先生から名前を呼ばれると、すぐに「はい」と気持ちよく返事ができます。また、「〜です」と丁寧な言葉遣いができるのも素晴らしいです。

○ 教室や廊下で静かに行動することができます。体重測定の時も、おしゃべりすることもなく静かに待つことができました。

○ 元気よく大きな声であいさつや返事ができました。気持ちのよいあいさつは、クラスみんなのお手本になっています。

○ 話をよく聞き、落ち着いて行動をしています。学習用具の忘れ物がほとんどなく、始業前には学習の準備がきちんとできています。

△ 健康観察の時に大きな声で返事ができるようになってきました。さらに元気のよいあいさつを心がけていけるよう指導してきました。

△ 学校では元気いっぱいに生活しています。しかし、休み時間の後などにはなかなかすぐに机に向かうことができないことがありました。けじめをつけられるように指導を繰り返してきました。

△ 机やロッカーの中には、物をどう入れたら使いやすいかを一緒に考え、整理をしています。徐々に自分の力で考えながら整理できるように指導しました。

2　健康・体力の向上

評価のチェックポイント

●健康や安全に気をつけ、元気に学校生活を送っているか？

●明るく元気に生活しているか？

●きちんとした姿勢で生活ができ、心身ともにたくましく生活しているか？

◎ ハンカチやティッシュペーパーをいつも持参し、外から帰った時や給食前など必ず手を洗い、とても清潔な生活ができていました。

○ きちんとした姿勢で一生懸命学習に取り組んでいます。休み時間になると元気よく外へ行き、みんなと思いきり遊ぶことができました。

○ 明るくユーモアにあふれる○○さんは、クラスの人気者です。休み時間に
なると真っ先に運動場へ行き、多くの友達と楽しそうに遊ぶ姿は活気にあ
ふれています。

○ 休み時間になると元気よく外に飛び出して行き、汗びっしょりになって遊ん
でいます。元気な○○さんです。

△ ハンカチなどの忘れ物が多く、手洗いでも手をこすり合わせて洗う場面を
あまり見られませんでした。そのため、手を洗うことの大切さを身につけら
れるように指導してきました。

△ 休み時間は、教室で静かに折り紙やお絵かきをして過ごす姿が多く見られ
ます。外遊びに誘って、友達と関わりを広げられるように指導しています。

△ 休み時間には、室内で遊ぶことが多く見られました。天気のよい日には、
外遊びに誘ったりクラス集会を開いたりして、みんなと自然に遊べる機会を
増やすようにしています。

3 自主・自律

評価のチェックポイント

● 友達の意見や周りの雰囲気に左右されず、意見を言ったり行動したりしてい
るか？

● 自分なりの考えをもち、しっかりと行動をしているか？

● 何事にも積極的に取り組もうとし、実行する力があるか？

◎ 日直の仕事や給食当番の仕事を自分から進んでしっかり行うことができまし
た。また、掃除の時は、友達がふざけていても「ちゃんとやろうよ」と言い
ながら、惑わされずに自分の役割をしっかり果たすことができました。

○ 授業中やその他の場面でも、教師の話をよく聞いて行動することができま

す。さらに、友達に呼びかけたり、積極的な行動がとれるよう助言をしてきました。

○ 廊下に水がこぼれた時など、さっとふいていました。教室に紙くずが落ちている時もゴミ箱に捨てるなど、誰に言われなくても、気づいたことに進んで取り組める態度は素晴らしいです。

○ 「6年生を送る会」の話合いでは、どんなことをしたいか自分の考えをはっきり述べることができました。○○さんの提案で素晴らしい会を行うことができました。

△ 話を聞く時に、友達の言動に左右されてしまうことが見られました。集中して話を聞いたり、今やるべきことを考えたりしながら行動できるように指導を繰り返してきました。

△ 友達に誘われるとついつい流されてしまうことがあります。自分でよいか悪いかの判断をつけられるように指導を繰り返してきました。

△ 学級活動の話合いでは親しい友達の意見に左右されることなく、自分の考えがもてるように励ましています。

4　責任感

評価のチェックポイント

● 自分で言ったことや、みんなで決めたことをよく考えてしっかりと行動しているか？

● 係や当番の仕事を最後までやり通しているか？

● いろいろな場面で、準備から片づけまでしっかり行っているか？

◎ 給食当番の時は、素早く白衣に着替え、準備に進んで取り組むことができました。片づけも最後までしっかりやっています。学級のみんなのために自

分の役割をしっかり果たせる○○さんはクラスのお手本です。

○ 係の仕事を与えられた時間の中で、粘り強く丁寧に取り組んでいました。安心感のもてる仕事ぶりに感心しています。

○ 生き物係となってから、金魚に毎日欠かさずエサをあげることができました。

○ 係の仕事の内容をしっかりと把握し、毎日責任をもってやり遂げる姿はクラスの友達のお手本となっています。

△ 給食当番の時、マスクを忘れることが時々見られました。何事にもとても楽しそうに取り組めていますので、みんなのために忘れないようにしようという意識がもてるよう、指導してきました。

△ 係の仕事を友達に任せてしまうことが見られました。責任をもって取り組めるよう指導を繰り返してきました。

△ 計画的に準備することがまだ十分ではありません。次に自分は何をしたらよいのかを考えながら行動できるように指導をしてきました。

5 創意工夫

評価のチェックポイント

● 新しい考えや方法を進んで取り入れているか？

● 発想が豊かで、いろいろな場面で様々なアイデアを出しているか？

● 普段の生活の中で、より便利な方法やよりよい生活を工夫しているか？

◎ 図書係として本の整理をするだけでなく、おすすめの本のコーナーをつくったり、クイズコーナーをつくったりして、みんなが楽しめるアイデアを出して取り組むことができました。「こうしたらいいよ」と新しい考えを出せる点が素晴らしいです。

○ 図書係の活動でユニークな取組が見られました。みんなが読書に興味をもてるように工夫しようとする姿勢が素晴らしいです。

○ 遊び係となって毎週楽しい集会を運営していました。自作のアンケート用紙と収集箱でみんなの考えを生かすことができました。

○ 「○○○」の学級活動では、次々に楽しいアイデアを出すことができ、友達から「すごい」と称賛されていました。

△ 係活動や集会でやりたいことを決める時など、今まで通りのやり方にこだわってしまうことがありました。新しいことを試してみることも大切です。挑戦する気持ちがもてるよう支援してきました。

△ 「○○○」の学習では、自分の学習方法がなかなか見つからず、取り組むまでに時間がかかりました。失敗を恐れずに、自分で見つけたり選んだりすることに少しずつ慣れるように指導を繰り返してきました。

△ 掃除の時間、自分のすべきことが終わったら他の汚れているところも掃除ができるように声をかけてきました。

6　思いやり・協力

評価のチェックポイント

●広い心をもち、身近にいる人々に温かい心で接しているか？

●困っている友達にやさしく接しているか？

●係や当番活動、話合い活動で、みんなと一緒に協力して生活しているか？

◎ グループの友達がけがをしてしまった時、すぐにつきそって保健室に連れていくことがありました。友達を思いやる素早い行動に心を打たれました。

○ 友達に対して親切に接することができます。給食の時にスープをこぼしてし

まった友達がいると、真っ先に雑巾を取りに行き、拭くのを手伝うことができました。自分のことだけでなく、友達の気持ちを考えて行動できる点が素晴らしいです。

○ 友達が困っているとすぐにかけより、「どうしたの」と声をかけています。誰にでもやさしく接することができるため、みんなから慕われています。

○ 消しゴムや鉛筆を忘れて困っている友達に、「僕のを貸してあげようか?」と自然に声をかけてあげられるやさしさがあります。

△ 友達が牛乳をこぼしてしまった時、他の友達が雑巾で拭いているところを、黙って見ていることがありました。一緒に行動できるように声かけをしました。

△ クラスみんなで遊ぶ集会の時、係の仕事に協力できないことがあります。相手の気持ちになって考えて行動できるように指導してきました。

△ 係活動や給食の準備への取りかかりが遅い時がありました。さらに、友達と協力できるように指導をしてきました。

7 生命尊重・自然愛護

> **評価のチェックポイント**
>
> ●クラスの小動物や花壇の植物に興味を示し、進んで世話をしているか?
>
> ●小さい子やお年寄りにやさしく接しているか?
>
> ●相手の気持ちを尊重した言動や行動をしているか?

◎ ハムスターの世話を人一倍がんばっていました。休みの前の日には、進んで家に持ち帰るなど、生き物を大切にするやさしさが感じられました。

○ 学級にいる小動物に声かけをしたり、やさしく接することができました。汚れたものを片づけることに、もう少し積極的な関わりがもてるよう継続して

支援してきました。

○ 教室や花壇の花の水やりを忘れずに行っています。毎日、水をあげながら花の変化の様子を観察し、大切にしています。

○ 休み時間にはクラスで飼っているハムスターにえさをあげたり、手のひらに乗せたりしてかわいがっています。

△ 友達が誤って○○さんにぶつかってしまった時、怒って友達を責め立ててしまうことがありました。状況を考えた行動がとれるように指導してきました。

△ メダカや昆虫などいろいろ学校に持ってきてくれるのですが、世話をするのが苦手で、そのままにしてしまうことがありました。生き物の命の大切さを指導してきました。

△ 友達に対して乱暴な言葉遣いをしてしまうことがありました。心を広くもち、相手の気持ちを考えることができるよう、指導してきました。

8 勤労・奉仕

評価のチェックポイント

● 当番活動や係の仕事に進んで取り組んでいるか？

● 自分で気づいたら、進んで人のためになることをしているか？

● 進んでボランティア活動に参加しているか？

◎ 掃除に熱心に取り組み、時間いっぱいまで黙々と働いています。床拭きの時は、教室の隅々まで拭いている姿が見られました。掃除の後は、雑巾の整頓をよくしていました。しっかり取り組める○○さんは、みんなのお手本になっています。

○ 掃除の時間、自分の仕事の分担を見て掃除に取りかかっていました。周り

の片づけなど、少しずつ仕事の範囲が広げられるようになってきました。

○ 掃除の時間には、雑巾を上手にしぼって進んで水拭きを行いました。まじめな活動ぶりに感心しています。

○ 教室にごみが落ちていたり、ロッカーが乱れていたりすると、自分から進んで片づけることができ、みんなのお手本です。

△ 掃除の時間に遅れることが時々ありました。その場所をきれいにすることは、他の人のためでもあり、自分も気持ちよくなるという思いを大切に活動できるように指導してきました。

△ どんな仕事でも興味をもってやりたがるのですが、最後までやり遂げずに遊びに行ってしまうことがあります。自分の仕事は最後まで責任をもってやり遂げることができるように指導してきました。

△ 掃除の時間では、徐々にしっかり働く姿が見られるようになってきました。「○○さんがんばっているね」と声をかけながら指導してきました。

9　公正・公平

評価のチェックポイント

●好き嫌いにとらわれることなく、友達と仲よくしているか？

●人の意見に惑わされず、正しいと思ったことをきちんと主張しているか？

●相手のことを尊重して、考えたり行動したりしているか？

◎ 仲のよい友達であっても間違っている時にはきちんと注意するなど、分け隔てなく友達と接することができました。

○ 学級のほとんどの友達にやさしく接することができています。また、間違え

を恐れずに、友達に「それはダメだよ」と注意することができました。

○ 友達のいけない言動に対しては、きちんと自分の意見を言い、注意する姿が見られました。自分が正しいと思ったことをはっきり言える態度は立派だと思います。

○ たとえ仲がよい友達のことであっても、よいことと悪いことの区別がはっきりでき、友達に意見を言うことができます。

△ 自分の言動を振り返り、いけなかった時には、素直に「ごめんね」が言えるように指導を繰り返してきました。

△ 周りの友達に遠慮してしまい、正しいことをはっきり言えないことがあります。自分の考えをはっきり言うことの大切さを指導してきました。

△ つい仲のよい友達の味方をしてしまうことがありました。誰とでも分け隔てなく正しいことを正しいと言えるように、少しずつ指導してきました。

10　公共心・公徳心

評価のチェックポイント

●クラスのみんなで使う物を大切にしているか？

●学習時間と休み時間とのけじめがつけられているか？

●学校のきまりやクラスのきまりを守って生活しているか？

◎ 休み時間のことでした。学級の本棚の本が乱れていたら、1人で黙々と順番を入れ替えたりして整理・整頓をしていました。人から言われずに行動できる姿は本当に立派です。

○ 休み時間の後、ボールを進んで片づける○○さんの姿をよく見かけます。みんなで使う物を大切にしようとする気持ちがクラスのお手本になっています。

○ ボールや机など、みんなで使う物をとても大切に扱います。また、廊下に落ちているごみをさっと拾うなど、みんなのお手本になっています。

○ 休み時間に友達と仲よくボール遊びをしています。遊んだ後には進んでボールを片づけることもできました。

△ クレヨンを忘れたので学級のクレヨンを貸してあげた時、授業が終わったら、そのまま外に遊びに行ってしまいました。「みんなで使う物だから、きちんと返そうね」と声をかけました。

△ 休み時間は大勢の友達と元気に遊んでいます。チャイムが鳴ってもすぐに教室に戻って来れないことがありました。時間を意識して行動できるよう指導しています。

△ 遊んだ後の片づけを忘れてしまうことがありました。フラフープやボールなどみんなで使う物は大切に扱い、片づけも最後までしっかりやろうと指導してきました。

Ⅱ章

学習全体を通して
〈子どもの様子別〉

1 主体的に学習に取り組む態度

意欲があり、少しずつ伸びてきている子

学習することへの意欲が感じられるようになってきました。特に漢字練習に進んで取り組むことができ、よい結果へとつながっています。この調子でがんばってほしいと思います。

授業中は、進んで手を挙げて発言するようになってきました。意欲と自信を感じます。

意欲はあるのだが、それほど伸びないでいる子

授業中、進んで発言することができます。課題にも粘り強く取り組めています。まだ結果には十分表れていませんが、学習に対する意欲をもち続け、努力していけるように指導しています。

分からない時には、「ここはどうやるの?」と担任や友達に聞いています。前向きに解決しようとする意欲は素晴らしいので励ましています。

非常に積極的に学習に参加する子

学習をリードするほど意欲と活気にあふれていました。自分の考えをもって常に前向きな態度で学習できる点が、素晴らしいと思います。

疑問に思ったことやもっと知りたいことがあると、積極的に調べたり質問をしたりすることができました。この積極性を大切にしていくように励ましてきました。

受け身で意欲が感じられない子

まじめに学習に取り組み、授業中指名されると自分の考えを発言することができ

ました。よい考えをもっている○○さんです。自分から進んで発言ができるように
励ましてきました。

学習中、何をしたらよいのか分からなくなってしまい、困っていることがありました。
こちらから指名して考えを聞いたり、ノートの取り方を指導したりしてきました。

学習中の態度がよい子

落ち着いて学習に取り組み、与えられた課題に対しては、最後まで丁寧にやり
遂げることができます。よい学習態度が成果に表れています。

いつもよい姿勢で人の話をしっかり聞きながら学習しています。まじめに学習す
る態度には好感がもてます。

学習中に、私語や手いたずらの多い子

時々、授業に集中できず手いたずらやおしゃべりをする姿が見られました。その
都度注意しながら、落ち着いて話をしっかり聞くことを指導しています。

授業中、私語や手いたずらをしている姿が見られました。集中して学習に取り組
めるよう指導してきました。

どの教科にも関心をもち、興味深く取り組む子

どの教科の学習でも楽しそうに参加し、学び取ろうとする意欲にあふれています。
そのため、どの教科でも安定した力を発揮しています。

すべての教科に関心をもち、問題を追究しようとする姿勢が見られました。たい
へん立派だと思います。

教科によって、関心があったりなかったりする子

音楽や体育が好きで、自信をもっていきいきと取り組んでいます。他の教科でもがんばったことを褒めながら、自信をもって取り組めるように励ましています。

教科によって夢中で取り組めるものとそうでないものがありました。どの教科も意欲をもって取り組めるように指導してきました。

学習作業が手早い子

集中して取り組んでいるので、作業が早く、課題を短時間で仕上げることができます。また、仕上がりも丁寧です。

大切なことや観察したことをノートに正確に書くことができました。手早く、文字も丁寧に書くことができ、とても見やすかったです。

学習作業が遅れぎみの子

何事にも丁寧に取り組み、最後まできちんとやり遂げようと努力する姿が見られます。丁寧さにスピードがプラスされるように指導をしてきました。

少し時間はかかりますが、一字一字丁寧に文字を書いています。努力を認め、「書くことに慣れてくれば、早く書けるようになるよ」と励ましています。

じっと席に座っていられない子

学校生活にも慣れ、活発な様子が見られます。じっとしているのは苦手なようで、授業中、姿勢がくずれやすいです。できたことを1つずつ褒めながら、やる気をもたせています。

周りのことが気になって、つい立ち上がってしまうことがありました。きちんと座

って学習することの大切さを指導しています。

宿題や忘れ物の多い子

今学期は、少し忘れ物が多かったです。忘れ物をしたことで授業中、学習にスムーズに取り組めないことがありましたので、ご家庭でも言葉がけをお願いします。

学習用具や宿題の忘れがありました。気持ちよく学習するために、前日に支度をする習慣を身につけるように指導を繰り返してきました。

予習、復習などがしっかりできる子

しっかり予習をして音読カードに熱心に取り組み、最多記録の9枚でした。音読が上手になったのはもちろんですが、主体的に取り組む態度はクラスのみんなのやる気を高め、よい影響を与えています。

毎日欠かさず漢字練習をしてくることができました。文字も正確で美しく書けています。「継続は力なり」を実践して、ぐんぐん力がついてきています。

言われなければ学習しようとしない子

授業中、学習にすぐに取り組めないことがあるので、自分から進んで学習に取り組めるように指導を繰り返してきました。

苦手な学習に対して、「やってみよう」「がんばろう」という気持ちが芽生えてくるように、様々な場面で励ましてきました。

学習の準備を積極的に行う子

学習が始まる前に、教科書やノートを素早く準備していました。そのため、授業が始まるとすぐに教科書を開くことができます。やる気をもって学習に臨む態度が素晴らしいです。

学習が始まる前には、いつも机の上に学習準備ができています。○○さんの学習に対する前向きな姿勢がうかがえます。

身の回り（使用した教具）の片づけができない子

身の回りの整頓が苦手なようです。机の中の物が落ちそうになっていることがありました。道具箱にしまう物、教科書の方に置く物を確認しながら、机の中が上手に整頓できるよう指導しています。

学習後、使った物を片づけられないことがあります。1つのことが終わったら必ず用具などを片づけ、整頓するよう個別指導をしています。

指示されないと行動できない子

「〜しますよ」と指示されたことに対しては素早く取り組むことができます。さらに、自分で考えて物事に取り組めるように指導をしてきました。

「○○していいよ」と言われないと学習に取りかかれない時がありました。学習への不安をなくし、自信をもって学習に取り組めるよう励ましながら指導しています。

集中して学習に取り組む子

課題に対する取組が早く、仕上がるまで黙々と取り組む姿にいつも感心しています。1つのことに集中してがんばれるところが○○さんの素晴らしさだと思います。

学習中やるべきことに黙々と取り組むことができます。素晴らしい集中力に感心させられます。

めあてをもって学習できる子

計算練習など、自分の苦手なものに進んで取り組み努力しようとする態度は、ク

ラスのよい手本となっています。これからも目標をもって学習に取り組む姿勢を大切に育てていきたいと思います。

学習のめあてを常に意識して、学習に取り組むことができました。めあてに沿って自らの課題を振り返ることもできました。

計画的に学習できない子

課題に対してまじめに取り組んでいますが、書き直したりやり直したりして、時間内に仕上がらないことがあります。見通しをもって進められるように言葉かけをしてきました。

課題を終えると、次に何をしたらよいか迷っていることがありました。どうしたら効率よく学習できるかを考え、判断していくように指導してきました。

2　思考力に関する面

考える力に優れている子

授業では発言が多く、その内容は学習の大事な点をとらえていたり、新しい考えを見つけたりすることができました。○○さんの考えに友達も「なるほど」と思うことが多く、クラス全体の考えが深まりました。

問題を解決する際に、多面的に考えて取り組むことができました。自らよりよい方法を考え出すこともでき、素晴らしいと思います。

あまり深く考えられないでいる子

元気のよい声で進んで発言しています。発表したくて、思いついたことをすぐに言ってしまう様子が見られるので、じっくり考えることの大切さも指導しています。

課題に対する反応が早いのですが、じっくり考えていろいろな場面を想定することも大切です。友達との話合いの中でそれを学んでいけるように指導してきました。

筋道を立てて考えられる子

授業中、自分の意見や感想をたくさん発言することができました。話の道筋がしっかりしているので、友達に分かりやすく伝えることができます。

課題を解決するためにどのような手立てを取ったらよいかを考えることができ、計画的に学習を進めていくことができました。

自分の考えがなかなかまとめられない子

学習に意欲的で、進んで発言することができます。さらにみんなに分かりやすく伝えるために、順序立てて話せるように指導してきました。

自分の課題に対して様々な思いは浮かんでくるのですが、なかなか1つの考えにまとめることができませんでした。ゆっくり、言葉を足しながら考えをまとめていけるように指導してきました。

ノートのとり方が上手な子

ノートの文字が丁寧で、きちんとまとめることができました。お手本としてクラスの友達に紹介されることもありました。

大切なことを選んで分かりやすくノートにまとめられることができます。まじめに学習に取り組んでいる成果が表れています。

ノートが上手く使えない子

算数の学習では意欲が見られ、素早く問題に取り組むことができます。さらにノ

ートの文字を丁寧に書けるように指導してきました。

ノートの使い方がまだよく分からないようです。自分がもう一度見直した時に見やすく分かりやすいノートになるように、文字や数字を書く位置などを工夫するように指導しています。

不注意によるミスが多い子

学習したことを正しく理解しています。今学期は、テストで計算ミスなどが多くなり残念です。正確にやることや、見直すことの大切さを指導してきました。

何でも早くできるのですが、うっかりミスが目立ちました。「早くできても必ず見直そうね」と声をかけています。

人の考えに頼ろうとする子

「どうすればいいの?」と1つ1つのことを確認しないと先に進めない様子で、教師に聞きにくることが多くありました。「みんなは何をしてる?　○○さんはどう思う?」と声をかけ、自分で考えて行動できるように指導しています。

自分の考えをクラス全体の前で話すことが苦手なようで、人の考えを聞く側にまわりがちです。そのため、少人数のグループで自分の考えを言える機会を増やしています。

人の考えに引きずられ、自分の考えがもてない子

○○さんはとてもよい考えをもっているのですが、グループでの話合いの時など、積極的に意見を言っている友達の考えに、すぐに賛成してしまう様子が見られます。まず、自分の考えを言ってみるように励ましています。

自分の考えをもっているのですが、自信がないせいか、友達の意見に合わせてしまう傾向があります。自分の考えを大切にして、じっくりつきつめて考えられるように指導しています。

学習したことを、他の場面で生かそうとする子

学習した内容や方法を、自分の知識として身につけることができます。新しい学習場面で学んだことを生かすことができ、感心しました。

算数でかけ算を学習した後は、必要なものを数える時、「かけ算を使うと便利だよ」と一生懸命に計算をしていました。学習したことを異なる場面で応用できることは大きな力となります。

自分なりの方法を工夫できる子

図画工作の授業では、どれもアイデアいっぱいの楽しい作品に仕上げ、友達からもそのよさを認められるほどでした。自分なりに工夫して制作に取り組める点は、○○さんのよさだと思います。

生活科の「こんなに大きくなったよ」では、「大きくなった自分」をどんな方法で伝えるかを考え、自分の思いを大切にしてまとめることができました。○○さんらしさあふれる作品に仕上がりました。

人の真似が多く、自分で考えようとしない子

図画工作の作品など、仲のよい友達が「△△にしよう」と決めると、自分も△△をつくるという様子が見られました。自分で考えられるよう、どうしたいのか話し合いながら進めてきました。○○さんらしい考えや思いがもてるように指導を続けました。

どんな方法で表現しようか考える時、よく考えずに周りの友達と同じものにしてしまう傾向があります。じっくり考えて、より自分の思いが表現できるものを選べるように指導しています。

3 知識・技能に関する面

記憶力に優れている子

「今週の詩」をいつも最初に暗唱することができました。国語の『○○』の物語文も全部暗唱しました。時間が経っても確実に覚えています。○○さんの覚える力の素晴らしさを感じさせられます。

かけ算九九や新しい漢字などを授業中に確実に覚えることができました。学習意欲と記憶力のよさを感じます。

学習の内容を確実に理解している子

どの教科においても意欲的に取り組み、よく努力するので、学習内容を確実に身につけることができました。

日々の学習内容がしっかり身についているため、問題をどんどん解いたり、文章をすらすらと読んだりすることができます。

努力はしているが、理解が定着しない子

漢字の小テストの前には必ず練習してきていて、いつも満点を取ることができました。まとめのテストでは、十分に力が発揮できませんでしたが、これからも地道な努力を続けていけるように励ましています。

根気よく学習していますが、かけ算九九がまだ完全に身についていない面が見られました。休み時間などに反復練習するように指導しています。

努力をし、豊かな知識をもっている子

本を読むのが好きで、図鑑や物語など、いろいろなジャンルの本を読んでいます。

そのため知識も多く、感心しています。

読書が大好きで進んでたくさんの本を読んでいます。そのため、筋道立てて話したり、素晴らしい文章を書いたりすることができます。

知識があまりない子

○○さんは学習態度がまじめで、一生懸命課題に取り組んでいます。一方で学習内容が知識として十分に身についていないので、学習したことをその日のうちに復習するように励ましています。

言葉の意味が分からずに友達との話が合わないで困っていることがありました。本をたくさん読んだり、人とたくさん話したりして、たくさんの言葉やいろいろな情報を獲得できるように励ましています。

筋道を立てて理解し、応用力のある子

算数の学習では理解力、応用力にも優れ、特に文章題ではその意味を素早く判断でき、立式することができました。

友達の話や教師の話をよく理解し、それを受け止めて考えることができます。さらにその考えを使って、次の課題に取り組むことができました。

理解はするのだが、応用することが苦手な子

理解する力があり、学習した内容をよく覚えています。それをもとに、さらに考える力が伸びてくるとよいため、指導を繰り返してきました。

学習したことはよく理解しています。しかし、その考えを使って新しいことを考える場合に悩んでしまうことがありました。今までの学習を思い起こしながら、じっくり考えるように指導してきました。

学習が足りなくて、理解の定着が弱い子

授業中の発言などを聞いていると、大変素晴らしい考えをもっています。漢字や計算など、繰り返し練習が必要なものに努力できると、もっと力が伸びてくるので、継続して励ましてきました。

問題が解けた時の○○さんのうれしそうな顔。分かる喜びをもっともっと味わわせていきたいと思います。そのために毎日の学習の積み重ねの大切さを指導してきました。

基礎学力が不足している子

算数の学習では、計算方法などが理解できました。基本的な問題を根気よく学習するとさらに力が定着するので、継続して学習を進めるように励ましてきました。

真面目に、また意欲的に学習に取り組んでいます。しかし、基礎的なことがまだ十分に身についていない面が見られます。毎日コツコツ練習し、より確実に理解できるように指導しています。

知識より、体験的な学習を好む子

教室での学習は控えめな様子ですが、体を動かすことが大好きで、体育や生活科での体験学習では活発に取り組んでいます。○○さんのよさが光る時間です。

生活科の体験学習などには目を輝かせて取り組むことができます。この意欲を漢字や計算の練習などにも発揮できるように指導してきました。

4 発想に関する面

発想が豊かな子

のぼり棒を下から見上げ、「むかでに見える」とか、水道から水が垂れていると、「泣いている」と言ったり、着眼点がユニークで発想が豊かなことに感心しました。

どの学習でも考え方が柔軟で、先生や友達の話をよく聞き、次々といろいろな考えを出すことができます。友達も○○さんが発言するのを楽しみにしています。

発想が固く、行き詰まる子

どんぐりを使って工作する際には、何をどのようにつくるか悩んでしまい、なかなか作業が進まないことがありました。そのため、いくつかを組み合わせる、向きを変えて使うなどして、いろいろな自分の発想が出てくるよう指導してきました。

いつもまじめに学習をしています。ノートに向かって真剣に取り組む○○さんの姿が印象的です。しかし、課題を難しく考えている時もあるので、もっと柔軟に考えられるように「ひとことアドバイス」をしています。

物事を多面的に見ることができる子

生活科で探検している時、お店の説明を聞いたりすると「だから○○なんだ」と他の事実と結びつけて意見を言うことができます。○○さんの視野の広さには驚かされます。

先生や友達の言うことをよく聞き、それに対していろいろな面から意見を言うことができます。その中で自分はどの考えが一番なのかをはっきりさせるように指導してきました。

物事を一方向からしか見ることのできない子

図画工作でかいた模様になかなか題名がつけられず、長い時間悩んでいました。他の物にたとえたり、雰囲気から感じ取るよう指導してきました。

まじめに学習をしていますが、学習の1つ1つに「これでなくてはだめ」という固定された面が見られました。友達のいろいろな考えも受け入れられるとさらに学習が楽しくなることを伝えています。

独創性があり、ユニークな考え方をしている子

ボンドを使っていた時、ただ物と物をつけるだけでなく、ボンドで模様をかくなど、個性的な発想の転換に感心させられました。

○○さんがつくる作品は、他の友達が思いつかないような独特なものが多く、みんなから「すごい」と言われ、アイデアマンとしてクラスの人気者です。

考えが固定化されてしまう子

簡単な答えは言えるのですが、その理由や方法などを話すことに苦手意識があるようです。体験を積み、自信をもつことで多様な考え方が育まれるよう指導したいと思います。

いつもまじめな態度で学習をし、言われたことはきちんと行っています。さらに、自ら考えて行うことの大切さを指導しています。

個性を発揮し、自分らしさを出している子

自分の鍵盤ハーモニカを横に並べ、友達につきっきりで教えることができました。やさしい教え方に友達もうれしそうに取り組む姿が印象的でした。

学習全体を通して

いつも自分の考えがはっきりしていて、自分の考えのもとに学習を進めています。友達もそんな○○さんにひかれ、○○さんのそばには友達がいっぱいです。

自分らしさがなかなか出せない子

ノートに素晴らしい気づきが書かれていたのですが、発言することが少なく残念です。よい面をもっていることを自覚し、自信をもって学習に取り組めるよう励ましています。

友達の話を聞いてよく「うんうん」とうなずいています。何でも受け入れる素直な学習態度は素晴らしいのですが、「自分はこうだ」というはっきりした意見も打ち出せるように指導をしてきました。

新しい考えを進んで出してくれる子

三角形を反転させながら考えていたり、いつも斬新な考えを出していることに驚きます。着眼点がユニークで他の子どもたちの考えの契機になっています。

学級会で意見が出なくなると、「自分はこう思う」と新しい意見を出すことができます。学級の話合いの活性化にとても貢献しています。

過去の考えにこだわっている子

いつも決まった色を好んで使っています。自分の思いだけにこだわらず、情景に合った色彩が使えることができるように、様々な場面で指導してきました。

自分の考えをしっかりともつことができます。しかし、自分の意見を簡単には曲げようとしないので、友達とトラブルになることがあります。「友達の意見も聞いて、お互いにゆずり合うことも大切なことだよ」と指導してきました。

5 表現に関する面

自分の考えを、よくまとめて分かりやすく話す子

授業の中で友達の発言をよく聞き、「それは…」と言いながら整理していく力にたけています。じっくり考え、自分の言葉で話すので説得力があります。

友達の意見をよく聞き、自分の考えを相手に分かるようにしっかりと発表することができました。

発言はするが、内容が分かりにくい子

○○さんはとても活発に発言し、授業を盛り上げています。もう少しじっくり考えて、時系列に沿って話せるようになると、自分の考えも整理でき、友達にもより分かりやすく伝わるということを指導してきました。

進んでよく手を挙げ、自分の考えをハキハキと言うことができます。ただ、分かりにくい時もあるため、順序に気をつけながらゆっくりと話すように指導してきました。

分かっているが、発言があまりない子

いつも正面から先生や黒板を見つめて集中して授業に臨んでいます。ただ、間違うことに対する不安が強く、発言が少なくなってしまうので、間違いは悪いことではないということを伝えてきました。

先生や友達の話をよく聞き、その内容も理解しているのですが、人前で元気よく発表するのが苦手です。そのため、少しずつみんなの前で発表できるように励ましてきました。

新聞にしたり、図や表にして表すことが上手な子

生活科での学習を班でまとめると、その時の絵や友達の言葉を上手くまとめて新聞をつくることができました。見やすいレイアウトに感心しました。

遠足の出来事を、友達と一緒に新聞に仕上げることができました。みんなから「すごい」と言われ、自信につなげることができました。

図や表が使えず、言葉だけの表現になってしまう子

○○の学習に熱心に取り組み、1つ1つ丁寧なまとめ方をしていました。人が見ても分かりやすいように図や絵なども工夫して入れられるように指導してきました。

学校の中庭で見た昆虫や花の様子について詳しく話をしたり、ノートに書いたりすることができます。さらに、簡単なイラストをつけると分かりやすくなることを指導してきました。

筋道の通ったスピーチができる子

朝のスピーチでは、メモなど見ていないのにスラスラと話していました。きちんと自分の頭の中で整理して話すことができるので、クラスのお手本になっています。

朝の会では、話の順序に気をつけてみんなに分かりやすくスピーチをすることができました。普段の学習の中でもどんどん発表することができるように励ましています。

長くスピーチすることが苦手な子

聞かれたことには答えることができますが、1人で話すことに抵抗が大きいようです。時間がかかっても、聞いてもらえたという経験を数多く積ませてあげられるように指導してきました。

朝のスピーチでは、短い文章で完結してしまうことが多く、いつ、どこで、誰と、何をして、どうだったという話のスタイルを教えるとともに、いろいろな質問をすることによって、○○さんのよさを引き出すようにしています。

友達の話をしっかり聞いて自分の考えを発言する子

「それで」「でも」と言いながら手を挙げています。さらに友達の話を聞いて、そこから自分の考えをつなげ、深めていけることが素晴らしいです。

いつも、きちんとした姿勢で友達の話を聞いています。友達が話し終わると同時にまっすぐに手を挙げ、質問をしたり意見を言う姿はクラスの見本になっています。

友達の話が聞けない子

視線が常に動き、自分の周辺ばかりを見ている様子が見られます。話の内容をしっかりととらえていくことが何よりも大切なことなので、「落ち着いて聞こうね」と指導しています。

自分の話したいことは上手に話せるのですが、下を向いて自分の世界に入ってしまったり、友達とおしゃべりをしたりしていることが多く、なかなか友達の発表を聞くことができないことがありました。聞くことの大切さを中心に指導を繰り返してきました。

感想や手紙が思い通りに書けない子

誰に何を伝えたいのか、明確ではないようで、文が途切れてしまいます。短い文でも書き続けられるように指導を繰り返してきました。

お話を聞いた時や本を読んだ時に、自分の思ったことを言うことはできるのですが、それを文章にして書くことが苦手なようです。少しずつ「書くこと」に慣れるように指導を繰り返してきました。

6 協調性、情緒、習慣に関する面

グループで協力して学習できる子

いつもグループになるのが早く、友達の考えもよく聞いて一緒に活動できました。
役割を分担することもスムーズにできました。

グループ学習では楽しく学習に加わり、友達の意見をよく聞いたり自分の意見を
はっきりと言ったりすることができました。

なかなか仲間に入ろうとせず、1人での学習が多い子

グループになる際に時間がかかり、友達から催促されていました。1人で本を見
て調べていたり、友達から誘われても、すぐに戻ったりしてしまうこともありました。
そのため、学び合うことの大切さを指導してきました。

いつもコツコツと真面目に学習に取り組んでいます。グループ学習の時も1人で
黙々と学習している時があります。みんなの話を聞いたり、自分の意見を言うこ
とによって学習に深まりや広がりが出ることを伝え、励ましてきました。

学習のルールが習慣化されている子

学習が始まる時には、教科書やノート、筆箱がいつもきちんと机上に出されてい
て、予定表を見て行動している姿が印象的でした。

○○さんのノートを見ると、見たこと、聞いたこと、感じたことなどがところせまし
と書かれており、上手にまとめてあります。大切なところは赤で書くと分かりやす
いことを指導しました。

自分本位になってしまい、友達の話を聞こうとしない子

自分のやりたいことへのこだわりが強く、友達の意見を取り入れられなくなってしまうことがありました。友達の意見にも耳を傾け、友達の意見のよさも見つけられように指導を繰り返してきました。

どの学習にも一生懸命に取り組むことができます。友達の意見や発見にも耳を傾けるようにすると、さらに理解が深まることを指導してきました。

落ち着きがなく、よく席を立つ子

いろいろなことに興味・関心が強く、周りの友達のところに行ったり、集中できないことが多く見られます。自分の席に着き、課題に向かって自力でしっかり取り組めるように指導を繰り返してきました。

授業中、急に席を立ち、鉛筆を削りに行ったり、友達のところに行ったりすることがありました。みんなで学習する時のルールを中心に指導を繰り返してきました。

できる教科とできない教科がはっきりしている子

図画工作や音楽の授業では、とても集中して取り組むことができるのですが、国語や算数ではノートに考えを書いたりすることに抵抗が大きいようです。書き続けることの大切さを指導してきました。

本を読んだり計算をしたりすることが大好きで、真面目に学習に取り組んでいます。しかし、体育で校庭へ行くと急におとなしくなり、うんていやろくぼくの前に行くと涙が出てきてしまいます。徐々に慣れることができるように励ましています。

日記や家庭での学習をよく行っている子

毎日、家庭学習のノートが提出されており、感心させられます。どんなことでも続

けることは大変ですが、それをしっかり続けている姿はクラスのお手本です。

毎日欠かさず日記を続け、家庭学習もしっかりやってきます。そのためか、学習中はよく発言をし、積極的に学習に取り組むことができます。

よく読書をしている子

ちょっとした時間があると教室の本棚から本を取り出して読んでいます。集中力を養うにも最適であり、その読書量には感心させられます。

読書が好きで、休み時間は図書室へ行ったり教室で本を読んでいることが多いです。1週間に5冊の本を読むと言っています。さらに読書量が増えることを期待して指導を繰り返しています。

学習の習慣が身についている子

家に帰るとすぐに学校での学習をやり始めるようで、学習が定着していることがうれしいです。学校でも落ち着いた態度で過ごしています。

いつも授業の前には教科書やノートの準備ができています。また、きちんとした姿勢で学習に臨み、「はい」「いいえ」の丁寧な受け答えができます。クラスのお手本となっています。

学習より遊びが中心になっている子

休み時間から帰ってくると汗をびっしょりかいています。精一杯遊ぶことも大切ですが、学習への切り替えもスムーズに行えるよう指導してきました。

授業が始まっても休み時間のことが忘れられず、友達とおしゃべりをしたりふざけたり、手いたずらをしていることが見られました。休み時間と学習時間とのけじめをつけられるように指導を繰り返してきました。

宿題をしっかりやってくる子

与えられた課題をしっかり覚えていて、次の日にはきちんとできていることに感心させられます。自己管理能力の高さは、これから大いに生きていくことでしょう。

○○さんはいつも家庭学習をしっかり行い、宿題を忘れたことはありません。毎日の家庭での復習が学校での学習にも生きています。クラス全員のお手本となることができました。

あまり本を読まない子

読書時間の時には、すぐに友達とおしゃべりをしてしまい、本と接する時間が少なくなってしまいます。楽しい本と出会えるよう環境を工夫し、指導を繰り返してきました。

教師による読み聞かせの時は目を輝かせて真剣に聞いていますが、自分で学級文庫の本から選んで読む姿は見受けられませんでした。そのため、一緒に本を選んだりしながら励ましてきました。

病気がちで欠席が多く、理解が不足している子

病気で欠席が多いことを本人も気にしています。学習が遅れがちになってしまうため、休んでいる間の内容を時間をかけて指導してきました。

今学期は病気で休むことも多かったのですが、登校した時は楽しそうに学習に加わっています。休んでいた時に習ったことについては、近くの友達や教師がその都度補足説明してきました。

パソコンやタブレット端末などの学習が得意な子

機械関係が好きでいろいろと話してくれます。特にタブレット端末を使った学習では、積極的に取り組み、操作なども手際よく扱うことができました。

パソコンを使った学習では、マウスの扱いが上手で、絵をかいたりゲームをすることが得意です。また、1人で楽しむばかりでなく、友達に教えたりしながらみんなと楽しく学習することができました。

できていないのにできたと言う子

休み時間が少なくなるのが嫌だったのでしょう。計算学習が終わっていないのに「できた」と外に行ってしまうことがありました。学習を終わらせてから遊ぶことの大切さを指導してきました。

算数のドリル学習では友達と早さを競って「できました」と持ってくるのですが、途中の問題をやっていなかったり記号が抜けていたりすることがありました。丁寧に正確に問題を解くように指導を繰り返してきました。

Ⅲ 章

教科
〈領域ごとに観点別〉

国語
算数（1年・2年）
生活
音楽
図画工作
体育

◎ よくできる子に対する文例
○ おおむねできる子に対する文例
△ もう少しの子に対する文例

国語

指導要録の観点とその趣旨

観点	趣旨
❶知識・技能	●日常生活に必要な国語の知識や技能を身につけているとともに、我が国の言語文化に親しんだり理解したりしている。
❷思考・判断・表現	●「話すこと・聞くこと」、「書くこと」、「読むこと」の各領域において、順序立てて考える力や感じたり想像したりする力を養い、日常生活における人との関わりの中で伝え合う力を高め、自分の思いや考えをもっている。
❸主体的に学習に取り組む態度	●言葉を通じて積極的に人と関わったり、思いや考えをもったりしながら、言葉がもつよさを感じようとしているとともに、楽しんで読書をし、言葉をよりよく使おうとしている。

知識及び技能 **1 言語の特徴や使い方**

〔知識・技能〕 評価のチェックポイント

●音節と文字との関係、アクセントによる語の意味の違いなどに気づくとともに、姿勢や口形、発声や発音に注意して話しているか？

●長音、拗音、促音、撥音などの表記、助詞の「は」、「へ」及び「を」の使い方、句読点の打ち方、かぎ（「」）の使い方を理解して文や文章の中で使っているか？また、平仮名及び片仮名で書く語の種類を知り、文や文章の中で使っているか？

●身近なことを表す語句の量を増し、話や文章の中で使うとともに、言葉には意味による語句のまとまりがあることに気づき、語彙を豊かにしているか？

●語のまとまりや言葉の響きなどに気をつけて音読しているか？

◎ スピーチ活動では、正確に言葉を伝えるために、立つ姿勢や口の形に気をつけて、落ち着いて話すことができました。

◎ しりとりゲームをした際、自分が知らない言葉が出てくると友達に言葉の意味を尋ね、理解していました。回を追うごとに、つなげられる言葉が増え、着実な語彙数の広がりを感じました。

○ 「」の中に入っている言葉は、せりふだということを理解することができました。

○ お店屋さんごっこでは、まぐろは魚屋、だいこんは八百屋といったように、物の名前をお店（グループ）の名前に分類することができました。

△ 片仮名表から1文字1文字自分の書きたい字を拾い出し、単語を完成させることができるように指導してきました。

△ 言葉のまとまりを意識してから音読すると、リズムよく読むことができます。継続して練習するよう指導しているところです。

［主体的に学習に取り組む態度］　　　　　　　　　　　　評価のチェックポイント

●積極的に、姿勢や口形、発声や発音に注意して話し、今までの学習を生かして説明しようとしているか？

●進んで身近なことを表す語句の量を増し、学習課題に沿って尋ねたり応答したりしようとしているか？

●積極的に、長音、拗音、促音、撥音などの表記や助詞の「は」、「へ」及び「を」の使い方、句読点の打ち方を理解し、学習課題に沿って記録する文章を書こうとしているか？

●積極的に、読書に親しみ、今までの学習を生かして役割を決めて音読したり、演じたりしようとしているか？

◎ 「は」「へ」の使い方に苦手意識をもっていましたが、何度もノートを読み返しながら文章を書くことで、正しい使い方を心掛けながら文を書いていました。その努力は素晴らしいと思います。

○ 語彙数を増やすために「知らない言葉が出てきたらメモをする」というめあてを立てました。

△ 意味の分からない言葉があっても、そのままにしてしまうことがありました。友達に聞いたり、調べたりすることで言葉の世界が広がると伝えています。

知識及び技能　2 情報の扱い方

〔知識・技能〕　　　　　　　　　　　　　　　　評価のチェックポイント

●共通、相違、事柄の順序など情報と情報との関係について理解しているか?

◎ 仲間探しゲームをしました。カードに書かれている文や絵から必要な情報を選び、誰も気づくことができなかった共通点を見つけることができました。

◎ 「○○づくり」の説明文の学習では、情報を材料、つくり方、遊んだことに分類し、読み手が分かりやすい文章の組み立てを考えることができました。

○ 「○○」の本文から、時間の経過によって変わるものや、変わらずにそのまま続いているものについて知ることができました。

○ 自分の意見がどの友達と同じなのかを、マグネットシートで意思表示することができました。

△ 「文章パズル」では、その文章が何について書いてあるものかが分からず困ってしまう場面もありました。そのため、教師と一問一問意味を確認し、つながる文章を見つける努力をしました。

〔主体的に学習に取り組む態度〕　　　　　　　　　評価のチェックポイント

●積極的に、共通、相違、事柄の順序など情報と情報との関係について理解し、
　学習課題に沿って分かったことや思ったことを説明しようとしているか?

◎　「お手紙」の学習では、がまくんとかえるくんの性格や関係、お手紙に対す
　る思いの違いを考えながら気持ちを想像しようとしていました。

○　友達の賛成意見と反対意見を聞き、自分はどちらの意見に近いのかを考え
　ていました。

△　どこに着目して考えればいいのか困ってしまう場面がありました。まずは、
　分かったことを時系列に並び替えて考えることを指導しています。

知識及び技能　　3 我が国の言語文化

〔知識・技能〕　　　　　　　　　　　　　　　　　評価のチェックポイント

●昔話や神話・伝承などの読み聞かせを聞くなどして、我が国の伝統的な言語文化
　に親しんでいるか?
●長く親しまれている言葉遊びを通して、言葉の豊かさに気づいているか?

◎　上から読んでも下から読んでも変わらない文の学習を行いました。初めは
　文を集めて楽しんでいましたが、最後は文をつくることに力を注いでいまし
　た。○○さんのつくった「○○○○」は、みんなのお気に入りです。

◎　読書を好み、進んで様々な種類の本を読むことができました。国語の学習
　に関連した本へのチェックも欠かさない○○さんの姿勢は、みんなのお手
　本となりました。

○ 読み聞かせが始まると、読み手の方を向き、じっと耳をそばだてて聞いている姿が印象的でした。

○ ボランティアの方が教えてくださる地域の言葉遊びに数多く触れることができました。

△ 昔話を聞いた際は、その世界に入っていくことに苦労していましたが、何度も読み聞かせの場にいることで、今と違う時代の話を聞いているのだということを徐々に理解できるようになってきました。

△ 本を読むことに抵抗がありましたが、友達と一緒に本を眺める経験を積むことで、絵にかいてある情報を得る喜びを少しずつ感じられるようになってきました。

[主体的に学習に取り組む態度]	評価のチェックポイント

●昔話や神話・伝承などの内容に興味をもち、学習の見通しをもって内容や感想を文章にまとめようとしているか?

●積極的に、読書に親しみ、我が国にはいろいろな本があることを知ろうとしているか?

◎ 「おじいさん」が出てくる昔話に注目して本を読みました。そこから、「おじいさんはやさしいから幸せになれた」という感想をもつことができました。

○ 多くの昔話を読み、あらすじや感想を読書カードにまとめていました。

△ 様々な本に興味をもつために、おすすめの本を紹介する活動をしました。〇〇さんは、大好きな乗り物の図鑑を紹介していました。2回とも同じ内容の本だったので、次は違う内容の本を紹介するよう指導しているところです。

思考力・判断力・表現力等　A 話すこと・聞くこと

〔思考・判断・表現〕　　　　　　　　　　　　　　　　　　評価のチェックポイント

●相手に伝わるように、行動したことや経験したことに基づいて、話す事柄の順序を考えているか?

●事柄や相手に応じて、声の大きさや速さなどを工夫しているか?

●話し手が知らせたいことや自分が聞きたいことを落とさないように集中して聞き、話の内容をとらえて感想をもっているか?

●互いの話に関心をもち、相手の発言を受けて話をつないでいるか?

◎　スピーチの感想交流では、自分が興味をもったことの話に留まらず、自分の体験も交えて話すことができました。

◎　「○○」のスピーチでは、身振り手振りを加えたり、大事なところは特に大きな声でゆっくり話したりするなど、聞き手を意識した話し方をすることができました。話し手の思いが伝わる臨場感たっぷりのスピーチでした。

○　スピーチ活動では、聞いている人が伝えたい内容を深く理解できるよう、実物(図・絵)を用意して工夫するなどの姿が見られました。

○　物語文「○○」の学習では、友達の考えを聞いて、疑問に思ったことを質問することができました。その発言がみんなで深く考えるきっかけとなりました。

△　みんなの前では緊張してしまい、思うようにスピーチをすることができなかったことがありました。しかし、ペアやグループでの役割を決めた話合いでは、相手に伝わるような声の大きさで尋ねたり応答をしたりすることができました。少人数で経験を積むことで自信をもてるように指導しています。

△　スピーチでは、題材を決めるのに苦労しています。身近な出来事や自分が経験したことを日々の日記から選ぶことで、話す内容を決められるよう指導しています。

●進んで、相手に伝わるように話す事柄の順序を考え、学習の見通しをもって紹介しようとしているか?

●進んで、話題を決め、学習の見通しをもって少人数で話し合おうとしているか?

◎ 班での話合いを行った際は、班の意見をクラス全体で発表する役に立候補しました。いつもじっくりと友達の話を聞いている〇〇さん。この時も、自分の考えだけではなく、みんなの考えを取り入れた意見を発表していました。

○ 感想交流では、自分と違う意見をもっている人のところへ行き、話を聞いていました。

△ 自分の意見にこだわり、友達の意見を取り入れられないことがしばしばありました。「人それぞれに、いろいろな考え方がある」ということに気づけると、さらに考えを広げることができると伝えています。

思考力・判断力・表現力等　　**B 書くこと**

〔思考・判断・表現〕　　　　　　　　　　　　　　評価のチェックポイント

●経験したことや想像したことなどから書くことを見つけ、必要な事柄を集めたり確かめたりして、伝えたいことを明確にしているか?

●自分の思いや考えが明確になるように、事柄の順序に沿って簡単な構成を考えているか?

●文章を読み返す習慣を身につけるとともに、間違いを正したり、語と語や文と文の続き方を確かめたりしているか?

◎ 短時間で多くの文章を書くことができます。それは、想像することを楽しんで書くことができるからだと思います。「物語をつくろう」では、自分の体験したことや経験したことを織り交ぜながら物語を綴ることができました。

◎ 「遠足の作文」では、「始め─中─終わり」を意識して、思い出を書くことができました。お弁当のことが詳しく書いてあり、そこから〇〇さんの「つくってもらってうれしかった」という思いの強さを感じました。

○ 「お手紙こうかん会」では、友達のよいところや尋ねてみたいことを見つけ、熱心に手紙を書く姿が見られました。

○ 「観察日記を書こう」では、教科書で学習した「書くとよい項目」を活用し、植物の様子を具体的に記録することができました。

△ 書くことにはやや苦手意識があるようです。経験したことやその時の気持ちを尋ねながら一緒に書いています。自分の力で文章が書けるようになるために、文章を書く機会を多く設定して指導しています。

△ 書いた内容が読み手に伝わりにくい時がありました。書き終わった文章をゆっくり丁寧に読み返すことで、さらによい表現が見つかることもあります。書いただけで満足せずに、まずは読み返す習慣が身につくよう指導しています。

〔主体的に学習に取り組む態度〕　　　　　　　　評価のチェックポイント

● 進んで、内容のまとまりが分かるように書き表し方を工夫し、学習の見通しをもって報告する文章を書こうとしているか?

● 粘り強く、事柄の順序に沿って簡単な構成を考え、学習課題に沿って手紙を書こうとしているか?

● 粘り強く、事柄の順序に沿って簡単な構成を考え、学習の見通しをもって簡単な物語を書こうとしているか?

◎ お礼の手紙を書いた際に、相手に伝わりやすい順序を考え、何度も内容を入れ替えていました。また、友達に積極的にアドバイスする姿も見られました。

○ 「はじめに」「つぎに」などの言葉を使って、物語を書こうとしていました。

△ 学習課題が出された際に、「自信がない」と言ってなかなか書き始められないことがありました。友達がくれたアドバイスをもとに、「書けるところから書こう」と励ましています。

思考力・判断力・表現力等　　C 読むこと

〔思考・判断・表現〕	評価のチェックポイント
●時間的な順序や事柄の順序などを考えながら、内容の大体をとらえているか？ ●場面の様子や登場人物の行動など、内容の大体をとらえているか？ ●文章の内容と自分の体験とを結び付けて、感想をもっているか？ ●文章を読んで感じたことや分かったことを共有しているか？	

◎ 物語の学習では、登場人物の気持ちや場面の様子など、「○○」という言葉からとらえ、イメージを豊かに広げながら読み進めることができました。

◎ 本文の時間を表す言葉を的確にとらえ、「この物語は○日間のことで、○○が○○をした話」という設定を理解しながら読むことができました。

○ 主人公の行動に対し、「自分だったら○○するな」という感想をもつことができました。

○ 感想交流では、○人の人と感想を交流し、自分の考えを伝えることができました。

△ 物語を初めて読んだ時には、物語の面白さ（作者の言いたいこと）を読み取ることに難しさを感じていましたが、関係図をかいたり表にまとめたりすることで、文章の内容を理解できるようになってきました。

△ 初めての物語に戸惑うことも多かったのですが、友達と相談しながら登場人物になりきることで、だんだんとその人物の気持ちを考えられるようになってきました。

[主体的に学習に取り組む態度]　　　　　　　　　　　　　　評価のチェックポイント

●進んで、時間的な順序や事柄の順序などを考えながら、内容の大体をとらえ、学習の見通しをもって分かったことを話そうとしているか?

●進んで、場面の様子や登場人物の行動など、内容の大体をとらえ、学習の見通しをもって内容や感想を文章にまとめようとしているか?

●進んで、文章の中の重要な語や文を考えて選び出し、学習の見通しをもって分かったことを説明しようとしているか?

◎ 「たんぽぽのちえ」の学習では、たんぽぽの動きを時系列でとらえ、体の動きを使いながら友達に説明していました。

○ 「スイミー」の学習では、海の中の生き物を友達とつくり、ペープサートでスイミーの行動を何度も体験することで、スイミーの気持ちを考えようとしていました。

△ 文章を読むだけでは、なかなか内容が理解できず困ってしまうことがありました。文章に合った体の動きをすることで登場人物の気持ちが想像できるようになるということを伝えています。

教科
国語

算数〈1年〉

指導要録の観点とその趣旨	
観点	趣旨
❶知識・技能	●数の概念とその表し方及び計算の意味を理解し、量、図形及び数量の関係についての理解の基礎となる経験を積み重ね、数量や図形についての感覚を豊かにしている。 ●加法及び減法の計算をしたり、形を構成したり、身の回りにある量の大きさを比べたり、簡単な絵や図などに表したりすることなどについての技能を身につけている。
❷思考・判断・表現	●ものの数に着目し、具体物や図などを用いて数の数え方や計算の仕方を考える力、ものの形に着目して特徴を捉えたり、具体的な操作を通して形の構成について考えたりする力、身の回りにあるものの特徴を量に着目して捉え、量の大きさの比べ方を考える力、データの個数に着目して身の回りの事象の特徴を捉える力などを身につけている。
❸主体的に学習に取り組む態度	●数量や図形に親しみ、算数で学んだことのよさや楽しさを感じながら学ぼうとしている。

A　数と計算

〔知識・技能〕　　　　　　　　　　　　　　　　　　　　評価のチェックポイント

● 数の大きさや構成について理解し、ものの個数や順番を正しく数えたり、表したりしているか？

● 100までの数について、数の大小や順序、表し方を理解し、それを用いているか？

● 加法及び減法が用いられる場合を理解し、式で表したり、確実に計算したりしているか？

◎ 10はいくつといくつでできるかをよく理解し、片方の数字を言うと、すぐにもう一方の数を答えることができました。数の構成がしっかり定着していることに感心しました。

◎ 100までの数の学習では、数のブロックを使って考えました。10のまとまりの数と一の位の数との合成で表す数の仕組みについて、正しく理解することができました。

○ 数のブロックを使ったり、図をかいたりしながら、10の補数を理解していました。一方の数字を出すと、あといくつで10になるか、答えることができました。

○ 繰り上がりのあるたし算では、9+4の4を1と3に分けて正確に計算することができました。問題を多く解いていくと、さらにもっと理解が深まっていくことでしょう。

○ 文章題では、その問題の意味を理解し、式に表して計算することができます。また、正しく計算し答えを導くこともできました。

△ 2位数の表し方の学習では、43は10のまとまりが4つと、1が3つというような考え方がなかなか理解できませんでした。ブロックや図を用いながら繰り返し練習し、数の構成についての理解を深められるよう指導を続けています。

△ ひき算の学習では、ひく数とひかれる数の違いを区別することが苦手で、文章題や場面を式に表すことが難しいようでした。図や絵にして表すと理解できるので、個別指導を繰り返してきました。

△ ひと桁の繰り上がりのないたし算では、両方の指を使って計算し、時間がかかっていました。いくつで5になるかを理解し、多くの計算に挑戦できるように指導を繰り返してきました。

●数量の関係を正しく理解して、工夫しながら問題の解決に当たっているか？

●計算に関わる作業的・体験的な活動を通して、計算の仕方を考えたり、加法や減法が用いられる場合を判断したりしているか？

◎ 100までの数が並んでいる表を見て、縦横の並び方の規則性をいくつも見つけ出していました。位の数に注目するなどの、着眼点が素晴らしかったです。

◎ 数の大小の比べ方を考えた時には、着目すべき数字は何か、並べ替えるとどうなるのか、自分なりに考え、発言することができました。より簡単に数の大きさを比べたり数えたりする方法はないか、友達の考えを聞きながらよりよい方法を見つけようとしていました。

○ 100までの数を学習した時には、数のブロックを数えながら10ずつにまとめ、それが10個あると100になることを操作を通してつかむことができました。10のまとまりをつくると分かりやすいことに気づいていました。

○ 繰り上がり、繰り下がりのあるたし算とひき算では、数え棒を使って計算の仕方を理解することができました。分かったことを、友達に説明することもできました。

△ 100までの数の学習では、10ずつにしていくと数えやすいことに気づかず、ばらで数えることを繰り返していました。より簡単に素早く数える方法を一緒に考えながら、まとまりのよさをとらえさせてきました。

△ たし算やひき算の計算に、意欲的に取り組むことができます。一方で、問題づくりにはなかなか取り組もうとせず、悩んでいる様子が見られました。身近な事柄に目を向け、たし算やひき算の意味と合わせて考えられるよう、繰り返し指導してきました。

〔主体的に学習に取り組む態度〕 　　　　　　　　評価のチェックポイント

- ●身の回りのものの数に関心をもち、進んで数えようとしているか？

- ●個数や順番を用いて表すことのよさに気づき、具体的な場で活用しようとしているか？

- ●加法・減法の計算に興味をもち、日常生活の中で学習した加法や減法が用いられる場面を見つけ、生かそうとしているか？

◎　筆箱に入っている鉛筆の数やクラスの友達の人数など、身の回りにあるものの数に興味をもち、1つ1つ丁寧に数えようとしていました。また、数が多い時には、5のまとまりや10のまとまりをつくるなど、学んだことを生かして工夫して数えていました。

◎　身の回りで、使ったりもらったりする場面を思い浮かべ、「たし算かなひき算かな」と考えながら式を立てて計算し、いろいろな問題に進んで取り組むことができました。

○　繰り上がりのあるたし算の計算では、なかなか理解できずにいたのですが、1問できるようになると楽しくなり、意欲的に計算に取り組むようになりました。

○　日常のいろいろな場面を考え、たし算やひき算など学習したことを使って計算しようとしたり、言葉や式でも説明しようとしたりしていました。

○　友達とドッジボールで遊ぶ時に、チームの人数を比べるため並んで大小を比べると簡単だと気づき、順に並べることのよさを実感していました。

△　繰り下がりの計算が苦手で、取り組もうとする姿勢が消極的でした。10の補数の理解が深まるともっと分かりやすく感じられてくるので、指導を繰り返してきました。

△　たし算やひき算の学習では、増えるとたす、減るとひくという意味が理解できず「分からない」と言ってすぐに投げ出してしまうことがありました。個別指導をしながら、1つ1つ分からないことを解決し、励ましてきました。

B　図形

〔知識・技能〕　　　　　　　　　　　　　　　　　　　評価のチェックポイント

●積み木や箱、色板や棒などを用いて、いろいろなものの形をつくり、特徴を
　とらえているか？

●前後・左右・上下などの言葉の意味やものの位置の表し方を理解し、正しく
　言い表しているか？

◎　いろいろな形をした箱を使って、その形の特徴を生かして自分の好きなもの
　　をつくることができました。また、箱を使った活動を通して、箱の側面が「し
　　かく」になっていることに気づき、身の回りの箱の形の多くは、「しかく」でで
　　きていることを理解することができました。

◎　箱の形の学習で形を写し取った時、友達の図のどの面がどれかすぐに答え
　　られていたことに感心しました。視覚的なとらえ方とそれを理解する力に優
　　れていることを感じました。

○　形遊びで、転がりやすい箱と転がりにくい箱に分けて、ノートに記録するこ
　　とができました。その理由まで書けるようになると、さらに考えを深めること
　　ができます。

○　積み木の面の形を写し取る学習を通して、「まる」「しかく」「さんかく」につ
　　いて仲間分けをすることができました。

○　上下、左右などの方向を表す言葉や、一番目、真ん中などの位置を表す
　　言葉があることを知り、教室の机や棚の位置をそれらの言葉を使って表す
　　ことができました。

△　形遊びをした際、やり方の理解が不十分だったので、それぞれの箱の機
　　能を調べることが難しかったようです。一緒に箱などで遊びながら、○○さ
　　んの気づきを増やしていきました。

△ 「かたちをつくろう」では友達と楽しく学習できたのですが、その特徴をとらえる場面では理解できない部分があり、教師と一緒に考えることで、理解を深めていきました。

△ 箱や積み木などの立体の形の一面を写し取った際、そのかかれた図形が立体の一部だということがなかなか理解できませんでした。実際に写し取った形を組み立てたり並べたりしながら考えることで、図形と立体との関係の理解が深まってきました。

[思考・判断・表現]　　　　　　　　　　　　　　　　評価のチェックポイント

●身近にあるものの形の特徴をとらえているか？

●ものの位置の表し方を考えたり工夫したりしているか？

◎ 大きさや表面の絵柄にとらわれることなく、様々な特徴に着目し、ものの形を仲間分けをしながら、その理由まできちんと説明することができました。

◎ 色板を並べていろいろな模様をつくった際は、意欲的に活動し、ロボットや動物など様々な模様をつくり出しました。「そんな模様もできるのか」「○○ちゃんのつくったのすごい」と、周りの友達にも認められていました。

○ 「かたち遊び」の学習では、グループの友達と同じ仲間の形集めをし、仲間分けをしたものの形に応じて名前を付けることができました。

○ 形の仲間分けの活動では、形の特徴に着目しながら分けることができました。また、どうしたら分けられるかという方法について友達に上手に伝えることができました。

○ 「しかく」や「さんかく」などの形を理解し、教室や家庭など身の回りのどこにどんな形があるか、探すことができました。

△ 色板を使ったいろいろな形づくりの学習では、どうしたらいいのか分からず、

とまどっていました。見本となる図形を提示し、図形を観察したりその上に
同じように並べたりしているうちに徐々に慣れ、活動に参加できるようになり
ました。

△　どうしても絵柄や大きさに視点が集中してしまい、箱の形などでの分類が難
　　しいようでした。1色に覆うと理解することができました。

〔主体的に学習に取り組む態度〕	評価のチェックポイント
●形について学ぶことの楽しさを感じ、身近にある形を意識的に観察したり、 　触れたり、構成したりしようとしているか？	

◎　身の回りの平面図形や立体図形に興味をもち、空き缶や空き箱などの形の
　　特徴や機能を生かして、いろいろな形をつくり出そうとしていました。

◎　積み木を積んだり並べたりすることや、折り紙を折ったり重ね合わせたりす
　　ることで、形についての理解を深めていきました。ものを観察したり操作し
　　たりすることを通して、形について楽しんで学んでいました。

○　持ってきた箱の形を生かしながらつくりたいものを考え、いろいろなものを
　　つくることができました。箱の組み合わせや部分の形についても興味をもっ
　　て取り組んでいました。

○　色板での形づくりでは、いろいろな組み合わせ方を考え、たくさんの模様
　　をつくろうと熱心に取り組む姿が見られました。

△　箱の外側の絵柄や色にとらわれてしまい、形に着目した学習の時間が少な
　　くなっていました。色や大きさ、素材などにこだわるのではなく、全体を見
　　つめ広い視点からもとらえられるように指導してきました。

△　ひごを使っていろいろな形をつくる学習では、つくる前に考え込んでしまい、
　　なかなか作業が進みませんでした。友達と一緒に置いたり並べたりするこ
　　とで、活動に参加することができました。

C 量と測定

◎　教室にあるものの長さを、手や指、鉛筆などがいくつ分あるかを数えること
　 で比べることができました。また、戸惑っている友達がいると、進んで教え
　 る姿が見られました。

◎　ものの大きさを直接比較できないと判断した時には、紐などを使って間接
　 的に比べていました。どういう場面で間接比較が必要かをきちんと理解する
　 ことができました。

○　時刻の学習をした後は、必要があればいつでも素早く時計を読むことがで
　 きるようになりました。学習したことがよく身についています。

○　長さを直接比べられない時には、他のものを使えば比べられることを学び
　 ました。消しごむ何個分かを数えることで、机の縦と横の長さや教科書の
　 縦と横の長さなどを比べることができました。

○　ものの長短を調べる時に、一方の端をそろえることで直接比べればよいと
　 気づき、いろいろな操作活動を通して技能を体得することができました。

△　直接比べられないものを紐やテープなど別のものを使えば比べられること
　 を学習した際、テープの当て方などが不確かでした。長さが写し取れること
　 を具体物を通した学習の中で考えられるように指導してきました。

△　教科書や筆箱、下じきなど、直接合わせながら比べられるものについては
　 友達と楽しく学習することができました。一方で、「動かせないもの」など「単

位のいくつ分」として考えることがなかなか理解できず、個別に指導をしてきました。

△　時刻の学習では、「何時」を読み間違えることが多く、短針の動きを理解するのに時間がかかりました。生活の中で時刻を読む機会を多くつくることで、少しずつ読めるようになってきました。

〔思考・判断・表現〕　　　　　　　　　　　　　　　評価のチェックポイント

●身近にあるものの長さ、広さ、かさの比べ方について考えたり工夫したりしているか？
●どのように時刻を読むのかを考えたり、長針や短針の役割について考えたりし、時刻の読み方を日常生活に生かしているか？

◎　長さをテープに写し取って、比べながらどちらが長いかを考えていました。身近なものを柔軟に使いこなす発想ができ、素晴らしいです。

◎　あいまいな時間を表す際に、8時57分は「8時は過ぎているけど9時にはなっていない」と表現していました。まだ次の授業が始まる時間ではないと判断したり、もうすぐ始まるから支度をしようと準備をしたり、時刻を見て行動することができました。

○　「どちらがながい」の学習では、いろいろなものを重ね合わせて比べたり、指で測って比べたりする方法を、上手に友達に伝えることができました。

○　自分の筆箱と友達の筆箱の縦と横の長さを実際に合わせて比べたり、指で測って比べたりして、様々な方法を試すことができました。

△　直接比較しにくいものを他のもので比べるということが難しかったようです。いろいろと工夫できることを体験させながら、指導を続けています。

△　「どちらがながい」の学習では、テープなど直接比較できるものの学習の時

〔思考・判断・表現〕 評価のチェックポイント

●数量を絵や図などに表して分類整理し、まとめたデータの個数に着目して身
 の回りの事象の特徴をとらえているか？

◎ クラスで人気の動物を調べた際には、種類ごとに均等に並べて比べること
  で、一番高さがある動物が人気だと素早く判断し、人気の程度を比べるこ
  とができました。

◎ 自分たちで育てている朝顔の色や花の咲いた数を、絵グラフでまとめまし
  た。色ごとに比べたり、日ごとに比べたりと、整理する視点によって的確に
  絵を並べ替えて数を比べることができ、それぞれの違いに気づくことができ
  ました。

○ いろいろな絵グラフを比べて、絵グラフをかく際には絵の大きさをそろえな
  ければならないことに気づき、友達に上手に説明することができました。

○ 動物の数の大小関係を、絵を用いて整理し、どの種類がどのくらい多いの
  かを比べて考えることができました。

△ 絵グラフのかき方について、よく分かるようになりました。自分で考えて気
  づくことができるようになると、学習がさらに深まるので指導を繰り返してき
  ました。

△ 絵や図にして数の大小を比べる際に、それらを均等にしたり大きさを揃えた
  りすることがよく分からず、数の大小をうまく比べることができませんでした。
  絵グラフにまとめる際のポイントを理解し、整理できるよう指導を続けてきま
  した。

●身の回りのものの数量を絵や図などを用いて表したり、それらの特徴を読み
　取ったりし、生活や学習に生かそうとしているか？

◎　絵グラフにまとめると、数の多さが比べやすいことを知り、クラスで人気の
　　動物は何か、みんなで育てている朝顔の花の数や色の種類はどうかなど、
　　意欲をもって調べたり比べたりしようとしていました。

◎　数の大小を比べたいものを、丁寧に図にして分かりやすくまとめました。図
　　にしたことで「これが一番多いのか」「こうやってまとめると分かりやすい」と、
　　グラフに整理することのよさを感じていました。

○　人数を比べたりものの個数を比べたりするのに、絵グラフを使うと便利だと
　　感じ、進んで活動に取り組みました。

○　絵グラフを比べて、その違いについて進んで話し合うことができました。何
　　について整理するかによって、絵グラフが変わることに気づいていました。

△　絵グラフを読み取ろうとしている姿勢は立派です。絵や図に表すよさに気づ
　　き、自分から進んで資料をまとめる活動に取り組めるよう、指導を繰り返し
　　てきました。

△　数を比べるために絵や図を使ってグラフにすることに消極的で、うまく整理
　　してまとめることができませんでした。絵や図で整理することのよさを感じな
　　がら学習に取り組めるよう、指導を続けています。

算数〈2年〉

指導要録の観点とその趣旨	
観点	趣旨
❶知識・技能	●数の概念についての理解を深め、計算の意味と性質、基本的な図形の概念、量の概念、簡単な表とグラフなどについて理解し、数量や図形についての感覚を豊かにしている。 ●加法、減法及び乗法の計算をしたり、図形を構成したり、長さやかさなどを測定したり、表やグラフに表したりすることなどについての技能を身につけている。
❷思考・判断・表現	●数とその表現や数量の関係に着目し、必要に応じて具体物や図などを用いて数の表し方や計算の仕方などを考察する力、平面図形の特徴を図形を構成する要素に着目して捉えたり、身の回りの事象を図形の性質から考察したりする力、身の回りにあるものの特徴を量に着目して捉え、量の単位を用いて的確に表現する力、身の回りの事象をデータの特徴に着目して捉え、簡潔に表現したり考察したりする力などを身につけている。
❸主体的に学習に取り組む態度	●数量や図形に進んで関わり、数学的に表現・処理したことを振り返り、数理的な処理のよさに気付き生活や学習に活用しようとしている。

A 数と計算

〔知識・技能〕　　　　　　　　　　　　　　　評価のチェックポイント

● 4位数までの読み方、表し方、大小、順序などについてきちんと理解しているか？

● 簡単な分数の意味や表し方を知り、それらを用いてものの大きさを表しているか？

● 加法と減法の相互関係を理解し、2位数の筆算の仕方を理解して確実に計算しているか？

● 乗法九九が用いられる場面を具体物で表したり、言葉や式で表したりして、乗法九九を用いているか？

◎ かけ算を使って解く文章問題の学習をしました。黒板に絵をかきながら、みんなに伝わるようにしっかりと計算の仕方を説明することができ、かけ算の仕方が定着していることを感じました。

◎ たし算やひき算の筆算の仕方を、確実に理解することができました。1年生で学習したたし算やひき算の考え方をもとに、繰り上がりの計算の仕方を考え、友達にやり方を説明することもできました。

○ 大きな数の読み方や大小、順序関係についてよく理解できました。普段の生活でも大きな数を進んで読んだり、比べたりして理解を深めています。

○ 友達とかけ算九九を唱えたり、チェックカードを利用したりして学習しています。真面目に練習を繰り返すことによって、確実に九九を唱えられるようになりました。

○ 1000までの数の仕組みについて理解することができ、学習内容が定着しているのを感じます。「算数楽しい!」という声が○○さんから聞かれるようになり、うれしく思います。

△ かけ算九九を唱えるのに苦労していましたが、九九カードを使うことで、だんだんと身についてきました。4の段と7の段が苦手で、唱え間違えてしまうことがあるので、繰り返し練習することで覚えられるよう指導を続けてきました。

△ 繰り下がりが連続するひき算のやり方を時々忘れてしまうようでした。10のまとまりにしたり、位をそろえて計算したりして、完全に習得できるよう個別指導を続けてきました。

△ 10000までの数では、数の大小や順序を理解するのにやや時間がかかりました。数直線を確認しながら学習を進めると、「分かった」とうれしそうな笑顔を見せていました。

●数の相対的な大きさをとらえることや、1つの数を他の数の積としてとらえるなど、数を多様にとらえているか？

●十進位取り記数法や既習の計算をもとにして、2位数までの加法及び減法の計算の仕方を考えているか？

●累加や乗法と積との関係、あるいは交換法則などから乗法についての性質を見いだしているか？

◎ 文章題においては、問題文から意味を正しく読み取り、立式することができました。どのように考えたのかを友達に分かりやすく説明することもできました。

◎ かけ算九九を表にして見直した時に、かける数とかけられる数を入れ替えても答えが同じになることや、同じ数同士をかける計算はななめに並んでいることに気づき、自分の考えを発表することができました。

○ 今まで学習してきたたし算やひき算の計算方法を思い出しながら、大きな数を計算するにはどうしたらよいか考えることができました。

○ 10000までの数の学習では、1000までの数の表し方をもとに、どのように表せるか考えることができました。学習したことをもとに考えられるところが素晴らしいです。

△ かけ算九九は覚えられたのですが、それを使った文章題になると分からなくなってしまうことがありました。図をかいて問題の意味をとらえるよう個別指導していく中で、少しずつ立式に結びついてきました。

△ 文章題になると、読む前から「分からないよ」と言い、苦手意識が強いようです。問題文を繰り返し読み、何について答えるのか、何算を使うのかを考えられるように指導してきました。最近では、解いてみようとする気持ちが見られるようになったことが、○○さんの大きな進歩です。

●身の回りのものを10や100や1000のまとまりにして数えようとしたり、数えたものを数字を使って書いたり読んだりしようとしているか？

●加法や減法、乗法などの学習した計算を、日常生活に生かそうとしているか？

◎　身の回りにあるものを10や100や1000のまとまりにして、楽しみながら数えたり読んだりすることができました。また、グループの友達にもそれを伝えながら様々なものを数えようとしていました。

◎　靴箱の数や教室の棚の数など、身の回りの同じ数ずつまとまって配列されているものを乗法を使って進んで数えようとし、「かけ算を使うと簡単で分かりやすい」と、乗法を使うことのよさを味わっていました。

○　学習内容の理解が早く、問題を解き始めるとすぐに「できました」と元気な声が返ってきました。たし算やひき算の筆算や文章題など、様々な問題に取り組み、繰り返し練習することが、○○さんの自信につながっています。

○　さいころゲームをしながら、1000以上の数を楽しく書いたり比べたりすることができました。実際に数えることが難しい大きな数も、10や100のまとまりをもとに考えるなど、意欲的に書き表そうとしていました。

△　ひき算の筆算の計算方法が分からない時もありましたが、「分かりません」とはっきり言うことができました。「できるようになりたい」と、学習に対する意欲が感じられるようになってきました。

△　数が大きくなってくると、数える意欲がなくなってしまうことがありました。友達と一緒に活動したり、教師と数を確認したりしながら、大きな数も数えられるように指導してきました。

B 図形

◎　三角形や四角形をかく学習では、定規を使って三角形や四角形を正確にかくことができました。きれいな直線をかくことができるので、でき上がりも整っていて美しかったです。

◎　いろいろな箱の形を観察する中で、箱の形には8つの頂点と12の辺、6つの面があることに気づき、友達に説明することができました。また、面の形は箱の形によって特徴があるということも理解していて、箱や展開図を使って分かりやすく説明できるので感心しました。

○　長方形や正方形がどんな形か分かり、図形を正しくかくことができました。友達からも「上手だね」と認められ、とてもうれしそうにしていました。

○　作図をする際、特に定規の使い方が上手で、まっすぐな線で三角形や四角形をかくことができます。また、大きさや向きが違っても同じ仲間の図形をとらえることができました。

○　箱の形の学習では、箱づくりなどの活動を通し、辺、面、頂点の数について理解することができました。面と面の間に辺があること、辺が集まったところが頂点になるということにも気づくことができました。

△　三角形の作図では、直線が上手に引けず作図をすることに苦手意識がありました。あきらめずに何度も練習し、直線で囲まれたきれいな三角形がかけた時はうれしそうでした。

△ 箱の形を写したり組み立てたりして、箱には辺、面、頂点があることが分かりました。ただ、面や辺などの数や形についての理解があいまいで、図形を構成する要素の理解が不十分な時があります。実物を用いて繰り返し指導をしてきました。

△ 箱の形の学習では、楽しそうに箱づくりに取り組みましたが、形の構成要素にまではなかなか目が向かず、ひごと粘土で箱をつくるのに苦労していました。もう一度まとめたことを振り返りながら行うよう指導しました。

〔思考・判断・表現〕　　　　　　　　　　　　　　　評価のチェックポイント

●図形の位置や向き、大きさなどにとらわれず、囲んでいる直線の数などの図形を構成する要素に着目して、三角形や四角形などいろいろな形を見つけているか?

●頂点、辺、面という構成要素に着目し、その個数や形について調べる活動を通して箱の形の特徴をとらえているか?

◎ 長方形の紙を折って正方形をつくる活動では、どのように折ったら正方形をつくることができるかを考え、辺の長さが等しくなることや角が直角になることを自分の言葉で説明することができました。

◎ 箱の形を工作用紙に写し取るなどして、頂点や辺、面の数や形に特徴が表れていることに気づき、友達に説明することができました。組み立てるとどんな形の箱ができるかも分かっているので、自分の力で上手にさいころをつくることができました。

○ 形探しをした時には、たくさんの図形の中から囲んでいる直線の数に着目して、三角形や四角形を見つけることができました。自分が気づいた特徴を、友達に説明することもできました。

○ 辺や面、直角といった言葉の意味をしっかり理解し、点を結んで形づくりをする活動やひごを使って箱づくりをする活動に取り組み、ものの形の理解を深めることができました。

○ 箱の形の学習では、いろいろな箱の頂点や辺の数を調べることにより、立体の性質に気づくことができました。また、気づいたことを分かりやすくノートにまとめて整理することもできました。

△ 形探しの学習では、図形の位置や向きに目がいってしまい、三角形や四角形を見つけ出すことが難しかったようです。囲んでいる直線の数に着目して考えるように指導してきました。

△ 箱の形の学習では、箱を使って頂点や辺の数を調べました。具体物があると理解できるのですが、具体物がなくなるとイメージするのが難しく、特徴をまとめる段階では苦労していました。1つ1つ確認しながら、一緒にまとめることで理解を深めてきました。

```
〔主体的に学習に取り組む態度〕                    評価のチェックポイント

●三角形、四角形や正方形、長方形、直角三角形の性質や関係を調べ、身の回
 りにある図形や事象が構成する要素に着目してとらえようとしているか?
```

◎ 形についての学習が終わっても、身の回りからいろいろな形のものを見つけて分類していました。また、それぞれの形がどういう性質をもっているかに興味をもち、進んで学習することができ感心しました。

◎ 長方形や三角形などの図形を敷き詰めて模様をつくった際、「こんなふうにも並べられるよ」「こうやってみたらどうかな」と、意欲的に活動していました。もっといろいろな形でやってみたいと、進んで取り組むことができ、素晴らしかったです。

○ 三角形や四角形の学習を通して、身の回りにある形を辺の数や頂点の数に着目してそれぞれの性質ごとに分類することができました。

○ 正方形や長方形の秘密を探ろうと、紙を折ったり重ね合わせたりして、特徴や気づいたことをノートにまとめることができました。また、角の大きさや

教科

算数〈2年〉

辺の長さについて分かったことを発表することができました。

△ 身の回りにあるものから三角形や四角形を見つける時は、自分ではなかなか見つけられない様子でした。友達の発表を聞いて、ノートに書くことができました。「はなまる」をもらうと、とてもうれしそうでした。

△ 身近な正方形や長方形探しを楽しみ、見つけたものを発表することができました。それぞれの形の秘密を探る時には、どこから手をつけていいのか悩んでいる様子でしたが、一緒に紙を折ったり重ねたりしてそれぞれの図形の特徴について考えました。

C 測定

［知識・技能］	評価のチェックポイント
●測定するもののおよその見当を付け、そのものに応じて適切な単位を選んでいるか？ ●長さやかさについての単位と測定の意味を理解しているか？ ●時間の単位について知り、それらの関係について正しく理解しているか？	

◎ ノートの縦はcm、幅mm、教室の横の長さはmなど、測定する対象に応じた相応しい単位を選ぶことができました。様々なものや場所の長さを正確に測ることもできました。

◎ ものさしの仕組みやcmとmmの単位関係をすぐに理解することができました。ものさしの目盛りの読み方が速く正確なため、「○○さんすごい」と友達から認められるほどでした。

○ 30cmのものさしを使っていろいろなものの長さを正しく測ることができました。かさの学習でも、その量に応じてmL、dL、Lの単位をうまく使い分けて測ることができました。目盛りの読み方をしっかりと理解し、分からない

友達に教える姿も見られました。

○ 時間の学習では日、時、分の関係をよく理解していて、普段の生活の中で上手に使い分けることができます。時刻と時間の違いもはっきり分かり、学習したことがよく身についています。

○ 日常生活で使っているものがどの長さの単位なのか、感覚的にしっかりとらえられています。「ノートの縦が28mだとプールより大きくなって、ぼくは持ち運べません」と発言したことが印象的でした。

△ 30cmのものさしを使って長さを測定できるようになってきました。mm単位を読むのに時間がかかりますが、正しく測定できた時はとてもうれしそうです。

△ 1mものさしの中の10cmや1cmの目盛りを読み取ることが難しかったようです。30cmものさしと変わらないことを説明し、繰り返しものの長さを測る練習をして定着するよう指導を続けてきました。

△ 時間の学習では、日と時、時と分が混ざると混乱し、正確に時間をとらえられないことが多くありました。アナログ時計の模型を使って針の動きを確認しながら、指導を繰り返してきました。

〔思考・判断・表現〕　　　　　　　　　　　　　　　　　評価のチェックポイント

●普遍単位を用いて、長さやかさの大きさの表し方を考えているか？

●時間の単位に着目し、経過した時間の表し方や日常生活での時刻の表し方を考えたり工夫したりしているか？

◎ 1cmより短い長さの表し方を考えた時に、みんなに分かりやすく自分の考えを説明することができました。数の仕組みをもとに考えられたところが素晴らしかったです。

◎ 教室の長さをみんなで測った時、cmを単位とすると数が大きくなりすぎて

分かりにくいと考え、mを使って長さを表しました。大きさに応じた単位を的確に選んで、表現することができました。

○ 単位を言い換えるとどうなるか、長さの単位の置き換えの学習をしました。1mは100cm、1cmは10mmであることを正しく理解し、応用して単位を置き換えることができました。

○ 1cmの単位を学習した時に、「cmがあると、誰でも分かるように測ることができていい」と感想に書いていました。普遍単位のよさをとらえることができました。

△ 長さやかさを表す単位については理解できています。しかし、1m48cmは148cmというように単位を換算することが難しく、なかなか言い換えることができませんでした。「1m=100cm」ということをもとに考えるよう指導してきました。

△ 長さの学習では、いろいろなものの長さを測ることには楽しんで取り組んでいましたが、長さの表し方を考えようとすると、集中力に欠ける場面がありました。長さの単位を使って大きさを表すことのよさを感じながら適切な単位で長さを表せるよう、指導を続けてきました。

△ 1時間の授業が何分間なのか、給食の始めから終わりまでが何分間なのか、短針や長針の動きをもとにどのぐらいの時間が経ったのかを考えることが苦手です。実際に時計を使いながら、時間の感覚をとらえられるよう指導を続けてきました。

〔主体的に学習に取り組む態度〕   評価のチェックポイント

●測定する対象の大きさや目的に応じて、実際にものさしなどを用いて進んで
　長さやかさを測定し、学んだことを生かそうとしているか？

●時刻と時間を区別して考え、短針や長針の動きをもとに時間をとらえて日常
　生活に生かそうとしているか？

◎　長さの学習では、ろう下の長さやドアの幅など、校舎の中をグループの友
　達と協力してたくさん測定していました。1mものさしの扱い方も上手になり
　ました。

◎　朝起きる時間や寝る時間を「午前」「午後」を使って表したり、家で宿題を
　する時間が何分間かを考えたりして、学習したことを使って時間を調べたり
　生活を見直したりしている姿が素晴らしかったです。

○　長さ調べの活動をした時には、教室や校舎内のいろいろなものの長さを調
　べ、ノートにまとめることができました。調べるものに応じて、30cmものさ
　しを使うか、1mものさしを使うか、グループで相談しながら活動に取り組ん
　でいました。

○　時間の学習を終えた後で、「家から学校までいつも○分だよ」「帰りまで○
　時間○分だね」と、時間に興味をもつようになりました。学習を通して、時
　間に目を向けた生活ができるようになってきました。

△　長さの学習では、テープものさしをつくり、いろいろなものの長さを調べま
　した。「今日の算数楽しかった」という声が聞かれうれしく思います。普段の
　生活の中でもこの経験が生かせるように、一緒にいろいろなものの長さを
　測ってきました。

△　時間に対する関心があまりもてないようです。日々の生活の中で「何分たっ
　たら○○しよう」「今は午前と午後のどっちかな」などと呼びかけて、時間
　を意識して生活できるように働きかけてきました。

D データの活用

◎ 身近なテーマから分類整理した数量を、表やグラフに正確に表すことがで
きます。また、表やグラフにすると数や種類を比べやすいと気づき、分類
整理してまとめることのよさについても理解することができました。

◎ クラスで好きな遊び調べをした時には、選んだ人数を記号で書き表しグ
ラフにすることで、一目で見て分かりやすいグラフをかくことができました。
人気がある遊びの種類や人数などを比べ、気づいたことをノートにまとめる
こともできました。

○ 6月の天気について、天気の種類や日にちごとに分類整理して、表やグラ
フを確実にかきあげることができました。

○ 整理したい事柄を、記号などに置き換えて表に書き表すことができました。
「絵グラフにした時より簡単で分かりやすい」と、そのよさを感じていました。

△ 簡単なグラフの表し方については理解できていますが、表されているグラフ
の読み取りが難しいようでした。グラフを正しく読み取ることができるよう指
導してきました。

△ 表やグラフに表すことで身の回りにある数量の特徴がとらえやすくなること
がなかなか実感できず、理解が深まりませんでした。身の回りの数量の中
から表やグラフにするテーマを探し、かき表せるよう声をかけています。

> ●数量を分類整理する方法や、簡単な表やグラフを用いて表す方法を考え、その特徴をとらえているか？

◎　6月の雨の日数を分類整理し、表やグラフに表す方法を進んで考え、工夫してまとめることができました。記号を並べて整理することで、数の大きさが比べやすいグラフにまとめることができました。

◎　集めたデータを整理する際に、何についてまとめるかによって、できあがったグラフの形が変わることに気づき、まとめた結果からデータの特徴を読み取ることができました。

○　6月の天気について調べたことを、表やグラフに分かりやすくまとめ、「雨の日が多いな」「晴れの日は雨の日の半分だ」などと、気づいたことをノートにまとめることができました。

○　クラスで人気の遊びについて調べた時には、一番人気の遊びは何かをグラフにしてまとめるだけでなく、晴れの日の遊びと雨の日の遊びで比べたらどうなるかと考え、グラフをかき直して工夫してまとめることができました。

△　6月の天気について、種類や日ごとに分類整理をしました。これを表やグラフに表す時、「自分の考えを確かめながら根気強く行えば、誤りが少なくなるよ」と声をかけてきました。

△　集めたデータを整理する際に、観点が変わるとグラフをどうかけばいいのか分からなくなってしまうことがありました。何を知りたいかによって着目する点を変えられるよう、一緒に考えながら学習しました。

教科
算数〈2年〉

●身の回りにある数量について、簡単な表やグラフを用いて表すと、それぞれ
　の大きさが比べやすくなるというよさに気づき、身の回りの事象を表やグラ
　フにまとめ日常生活に生かそうとしているか？

◎　お天気カードを上手に分類整理して、表やグラフに整理することのよさに気
　　づきました。また、分類したことを活用しようとする姿勢が素晴らしかったです。

◎　クラスで人気の遊びを調べてグラフにまとめてみたいと、意欲をもって活動
　　に取り組みました。自分が思っていた予想と違う結果に驚きながら、調べた
　　データを分類整理する活動に進んで取り組みました。

○　記号などを用いて簡単なグラフにすると、大小が比べやすく分かりやすいグ
　　ラフができると分かると、「もっといろいろなデータをまとめてみたい」と進ん
　　で学習に取り組んでいました。

○　1年生で学習した絵グラフより、かく手間もかからず分かりやすくまとめられ
　　ると、簡単な表やグラフにまとめることのよさを感じていました。

△　身の回りから調べたいテーマを見つけ、資料を集めることができました。さ
　　らに、集めた資料を分類整理して表にまとめることができるようになると、
　　理解が深まってくるので、一緒に学習してきました。

△　6月の雨の日数を調べることはできましたが、表やグラフに表すことに消極
　　的でした。「雨の日の多さをグラフにしてみると、6月の天気が分かりやすく
　　なるよ」と声をかけて励ましながら、学習を進めました。

生活

指導要録の観点とその趣旨	
観点	趣旨
❶知識・技能	●活動や体験の過程において、自分自身、身近な人々、社会及び自然の特徴やよさ、それらの関わり等に気付いているとともに、生活上必要な習慣や技能を身につけている。
❷思考・判断・表現	●身近な人々、社会及び自然を自分との関わりで捉え、自分自身や自分の生活について考え、表現している。
❸主体的に学習に取り組む態度	●身近な人々、社会及び自然に自ら働きかけ、意欲や自信をもって学ぼうとしたり、生活を豊かにしたりしようとしている。

1 学校と生活

〔知識・技能〕   評価のチェックポイント

●学校では、たくさんの人に支えられていることに気づき、安全で適切な行動をしているか？

◎ 図書室にはたくさんの本があることに興味をもち、司書教諭の先生に本の借り方を尋ねていました。貸し出し用カードの使い方が分かると、さっそく休み時間には図書室に行き、本を借りていました。

○ 学校にあるいろいろな教室や先生方のことを覚えることができました。保健室には、けがをした時のために手当てをしてくださる先生がいることが分かりました。

○ 通学路には、いつも見守りボランティアの人がいることに気づき、自分一人の時でも、交通ルールを守って安全に登下校しようとしていました。

○ 「なかまづくり」では、友達にどのように接したらよいか、また、どのような言葉遣いがよいかに気づくことができました。

△ ○○探検では、仲よしの友達との遊びに夢中になってしまうことがありました。少しずつ公共の場でのルールやマナーを守れるように指導しています。

> 〔思考・判断・表現〕　　　　　　　　　　　　　評価のチェックポイント
>
> ●友達と楽しく遊びを工夫したり、探検をして発見したことを絵や文で表現したりしているか？

◎ 校庭にある遊具の順番を守って使うことができます。休み時間になると、いつも友達を誘って楽しい遊びを考えていました。

○ 学校探検の振り返りでは、給食室にある道具を借りてきて、給食を実際につくっている様子を真似しながら、自分が見てきたことを伝えることができました。

○ 学校の周りで見つけたものを見せてくれたり、話してくれたりしました。また、自分が考えたことや体験したことを絵や言葉でまとめることができました。

○ ○○公園に遊びに行った時には、安全に遊ぶための約束が書いてある看板に気づき、それが書かれている理由も考えて振り返りカードに書きました。

△ 探検して分かったことをどう話してよいか分からない様子でしたので、写真などを見せて、見たこと思ったことを思い出させながら話せるように支援しました。

〔主体的に学習に取り組む態度〕　　　　　　　　　　　　　評価のチェックポイント

　●学校の友達や先生と親しく関わろうとしているか？

◎　友達と安全に仲よく探検したり、廊下ですれ違った先生方にあいさつしたり
　しながら、自分から進んで関わろうとしていました。

○　学校を案内してくれた2年生に、分からないことを尋ねていました。その後
　もその2年生とは、今でも仲よく休み時間に遊んでいます。

○　たくさんの友達と一緒に遊ぶことを好んでいました。1人でいる子がいると、
　「一緒に遊ぼう」と、やさしく声をかけている姿に好感がもてます。

○　雨の日も寒い日も交差点に立ってくれている見守りボランティアの方にいつ
　も元気にあいさつができ、お礼を言うことができます。

△　グループで行動する時には、約束を守れず、1人で歩き回ってしまうことが
　ありましたので、もう一度約束を確認したり、一緒に行動したりできるよう
　に言葉かけをしました。

2　家庭と生活

〔知識・技能〕　　　　　　　　　　　　　　　　　　　評価のチェックポイント

　●家庭での生活は、家族がお互い支え合っていることを理解しているか？

◎　お母さんの家庭での仕事をよく話してくれました。その中で食器を並べたり、
　洗い物を拭いたりして、自分でできる仕事を見つけて実践しようとする姿勢
　が素晴らしいです。

○　家の人の仕事を発表し合うことで、多くの仕事を家の人がしてくれることで
　自分が支えられていることに気づくことができました。家族に感謝の気持ち

をもつこともできました。

○ 病気やけがをした時の心配する家族の様子を思い出して、自分の健康を
　願っている家族のやさしさを理解することができました。

○ 「いえのしごと」では、家族にいろいろインタビューをして、どんな仕事があ
　るのかが分かりました。「自分もやってみたい。手伝いたい」と、話していま
　した。

△ 休みの日に出かけたり、食事の時に話したりした経験から、家族と一緒に
　いて楽しかったことを思い出すように声をかけたことで、家族とのつながり
　に気づくことができました。

〔思考・判断・表現〕　　　　　　　　　　　　　　　　　評価のチェックポイント

●家族にしてもらっていることや自分ができることなどについて考えている
　か?

◎ 自分の成長を支えてくれている家族に感謝の気持ちを伝えるために、手紙
　を書いたり、プレゼントを準備したりしました。

○ 「いえのしごと」では、自分の家の仕事にはどのようなものがあり、誰がし
　ているのかを調べてカードに書くことができました。

○ 自分が挑戦した仕事のことを思い出し発表しました。特に、自分がどんなこ
　とに気をつけて取り組んだのかを話すことができました。

○ 「わたしのかぞく」では、家族と一緒にキャンプをしたり、バーベキューをし
　たりしたことについて発表することができました。

△ 自分ができそうな仕事を見つけられずにいたので、友達のしている仕事の
　中から、見つけてやってみるように言葉かけをしました。

〔主体的に学習に取り組む態度〕　　　　　　　　　評価のチェックポイント

●家族のことや家庭での自分の生活に目を向け、自分の役割を積極的に果たそ
うとしているか？

◎　忙しいお母さんを助けようとお皿洗いを始めた○○さんは、喜んでもらえた
ことにさらにやる気を出して、今では大きな鍋も洗えるようになりました。自
分でできることを進んで見つけ、それを実行しています。

○　「いえのしごと」では、家の仕事の中で、自分にもできそうな仕事を選んで
挑戦しようとする意欲をもつことができました。

○　家の仕事をすることの難しさや大変さに気づきました。自分もそれができて
役に立った時に達成感を感じて自信をもちました。

○　「いえのしごと」では、家族についてたくさんインタビューすることができま
した。その中で、自分の立場と役割についていろいろと考えていました。

△　はじめは、とてもやる気を出して取り組んだお風呂洗いの手伝いでしたが、
途中続かなくなった時がありました。そんな時にお母さんから言われた言葉
に励まされ、また一生懸命に取り組むことができました。

3　地域と生活

〔知識・技能〕　　　　　　　　　　　　　　　評価のチェックポイント

●自分たちの生活が地域の様々な人や場所と関わっていることを理解している
か？

◎　地域には、障がいのある人やお年寄りの人など、様々な人が暮らしやすく
するための工夫やマークがあることに気がつきました。もっと探したいと意
欲的な活動ができました。

○ お店に行った時のインタビューの仕方やお礼の言い方を覚えて、楽しい交流ができました。

○ 春と比べて秋になるとお菓子屋さんに並んでいる商品が変わっていることに気がつきました。お客さんのためにお勧めのお菓子を考えて、季節ごとに工夫していることが分かりました。

○ 公園で会った安全パトロールの方に、どんな気持ちで活動されているかを尋ねることができました。交通ルールを守って生活していこうという意欲が高まりました。

△ 校外学習の時に、仲よしの友達との遊びに夢中になってしまう場面がありました。何のために見学に行くのかを話して、指導を続けています。

〔思考・判断・表現〕	評価のチェックポイント

●地域の場所や、そこで生活したり働いたりしている人と自分がどのように関わっているかについて考えているか？

◎ まち探検で親しくなった野菜名人の方から教わってきた野菜の世話の仕方のコツを思い出し、ポスターをかいてみんなに紹介することができました。

○ 自分の住んでいる地域の中で、知っていることや興味のあること、不思議に思っていることなどをみんなの前で発表することができました。

○ まち探検に行き、いろいろなことを発見したり、いろいろな人と話をしたりしてきたことを友達や先生に興奮して伝えていました。

○ 地域の人に質問したいことをノートにまとめたり、発表したりすることができました。

△ 公園に探検に行った時には、遊ぶ順番や遊具の使い方のルールが守れずに友達と仲よく遊べないことがありました。周りの状況を見て仲よく遊ぶことの大切さを指導してきました。

> 〔主体的に学習に取り組む態度〕　　　　　　　　　　評価のチェックポイント
>
> ●地域の人々や様々な場所と関わって生活すると楽しいということに気づき、進んで地域のことを知ろうとしているか？

◎ ○○さんのつくるお菓子がおいしいことを紹介したポスターをかいて、お店に届けました。とても喜ばれたので「うれしかった」と、言っていました。

○ 身近な地域の人々や様々な場所に関心をもって見たり、調べたりしようとしました。

○ まち探検に行く時の話合いでは、安全に気をつけたルールやマナーを考えながら探検の計画を立てることができました。

○ まち探検の学習では、自分で探検する場所を決め、友達と相談しながら計画を立てていました。また、地域の人ともしっかりとあいさつすることができました。

△ 自分が希望したお店に出かけて行きましたが、お店の人とはあまり話すことができなかったようです。そこで質問カードに聞きたいことを書いて、事前に教師と一緒に練習を続けたことによって、自信をもってインタビューができるようになりました。

教科
生活

4 公共物や公共施設の利用

●公共物や公共施設を利用すると、自分たちの生活が楽しく豊かになることを
理解しているか？

◎　町の図書館では、たくさんの人々が本を借りるために、コンピューターを使っ
た図書館カードを利用することを知りました。さっそく、自分のためにつくっ
てもらったカードを使って、好きな本を借りることをとても楽しみにしていま
した。

○　公園の掃除をしたり、施設を直したりする人がいることに気づきました。そ
の人たちのおかげで、いつも気持ちよく使うことができることが分かりました。

○　「公園で遊ぼう」では、初めて体験した遊具でも、使い方にすぐ慣れて楽しく
遊ぶことができました。「放課後また来ようね」と、友達を誘っていました。

○　公園の遊具で遊んでいるうちに、今までとは違う遊びができることに気づき
ました。その場所の特性をよくとらえて活動することができました。

△　図書館見学では、興味深く見学をしていましたが、そのうちに友達と遊んで
しまったので、何を学習しに来たのかを一緒に考えました。

●みんなで楽しく使うための利用の仕方について考えたり、工夫したりするこ
とができたか？

◎　学校探検で、みんなが興味をもったパソコンルームに行き、使い方につい
て話し合った時に、「機械がいっぱいあるから走ったら危ない。みんなで仲
よく使おう」と、工夫して発表することができました。

○ 見学に行った駅では、ホームで安全に乗り降りするためには、順番を守ることが大切であることに気づきました。

○ 「公園で遊ぼう」では、ブランコに当たらないように安全な並び方を考え、みんなに教えることができました。

△ 施設を利用して楽しかったことなどが、見学カードに表現できずに悩んでいました。働いていた人の様子や置いてあった道具などを思い出して書くように助言しました。

△ 公園の利用の仕方は分かっているのですが、自分の好きな遊びをしている時は、つい忘れがちになってしまい、注意されてしまいます。周りの様子をよく見て行動できるように励ましてきました。

[主体的に学習に取り組む態度]　　　　　　　　　　評価のチェックポイント

　●公共物や公共施設に関心をもって利用しようとしているか？

◎ 公園をいつもきれいに掃除している管理人さんに対してお礼をしたいという思いをもち、自分たちが育てている花を届けました。

○ 図書館に見学に行き、施設の方にいろいろと尋ねながら利用の仕方を知ろうとしていました。

○ 「公園で遊ぼう」の学習では、みんなと楽しく遊べました。それから休みの日には、友達と一緒に公園に遊びに行けるようになりました。

○ 施設にあるものを興味をもって見ていました。また、利用の仕方を尋ねたりして関心をもつことができました。

△ 近くの○○センターへ行った時には、みんなとは遊ばず、静かに様子を眺めていました。少しずつ利用できるように励ましました。

5 季節の変化と生活

◎ 自分が行ったお祭りが楽しかった様子をみんなに話すことができました。特に、「お祭りには、収穫を神様に感謝する意味が込められている」ということも学んできたことに感心しました。

○ 公園に出かけドングリ拾いをして遊びました。たくさん集めて遊んだり、飾りをつくって楽しんだりする姿が見られました。

○ 自分の地域で行われている「△△」の楽しさについて、みんなの前で話すことができました。様々な地域の行事に参加することで、そこに住む人たちの思いを知ることができました。

○ 「秋祭り」「おもちつき」などの行事を通して、自分が体験した時に楽しかったことを進んで発表していました。

△ まち探検では、たくさんのことを見つけられたのですが、自然や地域の様子の変化には十分に気づくことができませんでした。季節によって、まちの様子が変化することにも目が向けられるように支援してきました。

◎ 秋探しで見つけたことを詳しくカードに書くことができました。楽しかったことや五感を使って感じたことを表現できていたので感心しました。

○ 近くの公園で秋探しをした時には、木の葉が茶色くなって地面に落ちている ことに気がつき、「見つけたよカード」に上手にまとめることができました。

○ 「秋祭りをひらこう」では、自分が体験した祭りに出ていた店を参考にして、 「スーパーボールすくい」や「的あて」などの店を出すことができました。

○ 「春と遊ぼう」では、学校で見つけた春をカードに書くことができました。草 花や虫を見つけ、発見したことや思ったことを素直に表現できました。

△ 「お正月遊び」では、どんな遊びにするとよいのか考えがなかなか浮かびま せんでした。たこあげやこままわしなど、教師と一緒に行うことで、少しず つ遊びの楽しさが分かってきました。

〔主体的に学習に取り組む態度〕　　　　　　　　　評価のチェックポイント

●進んで野外に出かけ、自然を楽しもうとしているか？

◎ 秋の虫探しでは、草をかきわけコウロギやバッタを夢中で捕まえていました。

○ 春を見つける学習では、草花や虫をたくさん見つけ楽しそうでした。摘んだ シロツメグサを教室に持ってきて飾る姿が印象的でした。

○ 冬の朝、校庭にできた氷や霜柱を見つけ、霜柱を踏みながらサクサクとい う音を聞くことを楽しんでいました。「みんなも探して遊ぶと楽しいよ」と、友 達を誘っていました。

△ 生き物の苦手な○○さん。友達の捕ってきた虫を恐る恐る籠越しに眺めて いました。まず、見ること、次に触れることに一歩一歩進んでいけるように 励まし、声をかけました。

△ 春探しでは、友達が捕まえたバッタを怖がっていました。「一緒に見よう」と 誘うと、じっと見ることができました。昆虫にも親しんでいけるように支援し てきました。

6 自然や物を使った遊び

◎ 「みんなで遊ぼう」では、自分でつくったおもちゃで遊んだり、友達と競争し
たりすると楽しいことが分かりました。的の大きさや得点のつけ方を友達と
仲よく相談して、最後まで楽しく活動することができました。

○ 「秋の実で遊ぼう」では、たくさんのドングリの中からよく回る形があること
に気づき、自分のお気に入りのドングリゴマをつくって楽しく遊ぶことができ
ました。

○ 友達がゴムの数を工夫しているのを見て、自分のおもちゃでもいろいろと試
してみました。高くとばすための方法を自分で発見した時の笑顔が印象的
でした。

○ 「秋祭りをひらこう」では、集めてきた木の葉を使って飾りをつけた洋服を
着て参加しました。また、自分が開いた店には、きれいに色づけしたドング
リ人形を置いて楽しむことができました。

△ リースづくりやシロツメグサの首飾りづくりなど、自然の物を使ってつくるこ
とが苦手です。一緒につくったり飾ったりする中で楽しさを味わわせられる
ようにしてきました。

◎ 「うごくおもちゃをつくろう」では、自分がつくった車をもっと速く走らせるには
どうしたらよいかを真剣に考えていました。友達の車と比べたり、材料を軽

い物に代えたりして工夫したことを友達と相談していました。

○ サツマイモを収穫した後、つるで縄跳びをしたり、葉っぱでお面や洋服を
つくったりして楽しく遊ぶことができました。

○ 「みんなで遊ぼう」では、みんなと競争して楽しかったことが、振り返りカー
ドに書いてありました。また、友達につくり方を教えてもらってうれしかった
ことも書いてありました。

○ 「秋と遊ぼう」では、公園でドングリ拾いをしたことや木の葉で服をつくって
楽しく遊んだことがカードに書いてありました。自然とたくさん触れ合えた様
子が伝わってきました。

△ 「昔の遊びを楽しむ会」では、メンコやおはじきで楽しく遊んでいましたが、
夢中になって感情的になることがありました。みんなと仲よく遊ぶために順
番やルールを守るように指導しました。

［主体的に学習に取り組む態度］　　　　　　　　　　　　評価のチェックポイント

● 身の回りの自然や身近にある物、昔からある遊びなどに目を向けて積極的に
遊ぼうとしているか？

◎ 自分たちがつくったおもちゃでみんなと楽しく遊べた○○さんは、「1年生に
も遊んでもらう会を開きたい」と、みんなに提案しました。1年生に合わせ
てルールや遊び方を工夫するなど、会を開くことをとても楽しみにして活動
していました。

○ 休み時間になると友達と外に飛び出して、「昔の遊びを楽しむ会」で興味を
もったこま回しや竹馬で夢中になって遊んでいました。

○ 秋探しに行った公園では、落ち葉を踏みしめたり、友達と投げ合ったりして
夢中になって遊びました。秋の自然を体いっぱいに感じることができました。

○ 昔遊びでは、たこあげに夢中になって飛ばすことができました。たこを高く あげるためには、風の向きやひもの引っ張り方が関係していることを見つけ、 友達にも教えていました。

△ 友達に誘われて木登りを少しだけ体験しました。自然の中にある物にも目を 向けて遊びを広げていけるように声かけをしてきました。

7　動植物の飼育・栽培

〔知識・技能〕	評価のチェックポイント
●大切に育てている動植物に合った世話の仕方に気づいているか？	

◎ 育てているミニトマトの様子を毎日観察し、「水が足りないからあげたよ」「も う、支柱を立てた方がいいって、おじいちゃんが言っていたよ」などと、教 えてくれました。植物に関心をもってしっかりと世話することができました。

○ 「自分たちが大切に育ててきた生き物のことを1年生に教えてあげたい」と、 みんなに提案し、○○会が実現しました。生き物の特徴を楽しいクイズに することができました。

○ 育てているミニトマトやナスに毎日欠かさず水をあげることができました。夏 にはたくさん収穫ができ、みんなで楽しくサラダパーティーを開きました。

○ ザリガニを育てるために本で調べたり、上級生に聞いたりして世話をしまし た。自分が用意したえさをしっかりと食べている様子をじっと観察していまし た。

△ ザリガニを育てていた水がすぐに汚れてしまう理由が、エサのやり方に原因 があるということには気づかなかったようです。「どうしてだろう」という目を もって活動に取り組めるように指導をしてきました。

●変化や成長の様子に合わせて水やエサ、肥料をやるなど、世話の仕方を考え、
工夫しているか？

◎ 「わたしの野さい」では、育てていたキュウリの茎が倒れていたことを心配し
ていた友達に「支柱を立てた方がいいよ」と、教えていました。1年生の時
にアサガオのツルが、支柱に巻きつきながら生長していたことから学んだこ
とが生かされていました。

○ 生き物を育ててきたことを振り返って、気づいたことをまとめた○○新聞を
仕上げることができました。

○ 自分が育てた生き物紹介では、「ザリガニは、びっくりすると後ろに逃げる
ことが分かりました」と、動きを真似しながら発表していました。

○ 教室で飼っているカタツムリは、ジメジメしたところにいたことを思い出して、
飼育ケースの中を霧吹きで濡らしていました。

△ 最初の頃、観察カードに何をかいていいのか分からず困っていました。色
や形、触った感じなど、観察する時のポイントを一緒に考える中で、少しず
つ表現できるようになってきました。

〔主体的に学習に取り組む態度〕 　　　　　　　　　　　　　評価のチェックポイント

●進んで動植物を探したり、採ったり、育てたりしようとしているか？

◎ 捕えてきたバッタを飼うために、飼い方を進んで図鑑で調べました。「捕ま
えた場所に生えていた草も一緒に入れてあげよう」と、毎朝新しい草を用意
して、大切に育てようという姿が、素晴らしかったです。

○ 「わたしの野さい」では、育てたナスの実が、大きくなったことに気がつきま

した。さっそく持ち帰って、お母さんに調理してもらい、食べたことを話していました。家族みんなで収穫を喜ぶことができる活動になりました。

○ アサガオの種まきの時、「早く芽を出してね」と、やさしく話しかけていました。毎日の水やりを忘れずに、大切に育てている姿に感心しました。

○ 大切に育てていたザリガニが死んでしまい、涙を流して悲しんでいました。「ザリガニさんありがとう」と、お墓に埋めてあげ、最後まで責任をもって世話をしていました。

△ 水やりを忘れているせいか、育てていた野菜が枯れそうになっていました。友達に教えてもらってからは、気をつけて世話を続けることができました。

△ おたまじゃくしを育てるために水やえさを用意しましたが、そのまま何もせずケースの中の水の汚れがひどくなっていました。生き物の気持ちになって育てていこうと話しました。

8 生活や出来事の伝え合い

〔知識・技能〕 評価のチェックポイント
●相手や目的に応じた伝え方を理解しているか？ ●多様な伝え方（音声・表情・しぐさなど）があることに気づいているか？

◎ 「まちの素敵なことをつたえよう」では、町探検で自分が一番印象に残ったことをどうやって地域の方に伝えようかを真剣に考えて準備を進めていました。実際に来てくれた人に感想を聞いて、うまく伝わったことが分かり、とても満足していました。

○ 友達の発表から、人に伝えるには、言葉だけではなく表情やしぐさも大事だと気づきました。

○ 地域の方との交流では、自分たちが調べてきた「まちの素敵なこと」を発表することができました。

○ 自分たちが書いたポスターをお店に貼ってもらいました。お店からのお礼の手紙には、「お客さんも見て喜んでいます」と、感謝の言葉が書かれていました。

△ 自分が思ったことをすぐに話したいという気持ちが強く、地域の方の話を聞いてから考えて話すように指導しました。話す・聞くことのマナーが守れるように励ましてきました。

〔思考・判断・表現〕　　　　　　　　　　　　　　評価のチェックポイント

●目的に応じた分かりやすい伝え方を工夫し、言葉や表情、しぐさで気持ちを表わし、交流しているか？

◎ 「いきもののひろばをひらこう」に、園児を招待した時には、「生き物と仲よくなると楽しい気持ちになることを伝えよう」と、友達と協力して劇を考え発表しました。

○ 野菜の育て方を教えてもらった○○さんのことを新聞に書いて紹介しました。大好きな○○さんの似顔絵をかいたり、名人のコツのことを目立つように書いたりして、工夫して仕上げました。

○ 新聞やポスター、パンフレットなどの中から、自分が伝えたいことに合ったまとめ方を選び、学んだことの振り返りを書くことができました。

○ 地域の方や先生、友達の話をじっと見つめてうなずきながら聞く姿勢が立派です。表情やしぐさに楽しく交流している様子が見られました。

△ 自分の伝えたいことを発表する時、小さな声で書かれたことを読んでいました。上手に話している友達のよいところを真似したり、教師と一緒に考えた

りしながら伝え合う喜びを味わわせられるように声をかけてきました。

［主体的に学習に取り組む態度］　　　　　　　　　　評価のチェックポイント

●身近な人と関わることを楽しんでいるか？

●身近な人と楽しく伝え合い、繰り返し交流しようとしているか？

◎　「春に行ったお店にまた行ってみたい」と、お店の方と再び触れ合えること
　　を楽しみにしていました。お店の中には、秋の季節を感じさせるお菓子が
　　たくさん飾られていたことに驚いていました。さらに、発表会では、自分が
　　発見したことを自信をもって話すことができました。

○　地域に出かけて行った時のことをとても楽しそうに友達と話していました。ま
　　た、そこで出会った人と会うたびに大きな声であいさつを交わし、学校で
　　の出来事をうれしそうに話していました。

○　地域でどんなことを調べたいか事前に考えて、手紙や電話、ファックスなど
　　を利用して尋ねたり、直接相手の方にインタビューしたりすることができまし
　　た。

○　学校を探検して発見したことを友達に話し、熱心に意見を交換することがで
　　きました。関わり合うことを楽しむ姿が、ほほえましかったです。

△　地域の方の話をまじめに聞いているのですが、自分で調べたり、問いかけ
　　たり、また、友達に語りかける活動が見られなかったことは、残念でした。

△　地域に出かけていくと約束が守られず、注意されることが多くありました。
　　地域の人や自然と関わる喜びを味わわせ、目的意識をもった見学ができる
　　よう指導しています。

9 自分の成長

〔知識・技能〕   評価のチェックポイント

●自分が大きくなったこと、自分でできるようになったこと、役割が増えたこ
　となどを実感しているか？

●自分の成長を支えてくれた人々の存在に気づき、感謝の気持ちをもっている
　か？

◎ 小さいころに履いていた靴と今履いている靴を比べて、心も体も成長したこ
　とに気づきました。その靴を履いて速く走る練習をしていたことや、家族が、
　一緒になって応援してくれたことを思い出し、感謝の気持ちをもちました。

○ 自分でできるようになったことを思い出し、自信をもって発表していました。
　2年生でも、○○さんのよさを伸ばして身の回りのことに目を向けられるよう
　に指導をしてきました。

○ 自分が生まれた時の家族の喜びや成長への期待が書いてある手紙を読ん
　で、素直に感動していました。

○ 演奏会で、3年生が合奏している姿を見て、「私たちも早くリコーダーであん
　なふうに演奏したい」と、目標をもつことができました。

△ 自分のことを振り返る活動では、「できるようになったことがない」と言って
　いたことが残念です。しかし、友達が、自分のがんばっていることを教えて
　くれた時のうれしそうに聞く姿には安心しました。

△ 自分の成長のために、家族がしてくれた様々なことを思い出せない様子で
　した。小さいころの写真やおもちゃなどを見て、思い出せるように指導をし
　てきました。

教科
生活

●過去の自分自身や出来事を振り返り、現在の自分と比較して考えているか?

●成長の喜びや感謝の気持ち、これからの成長の願いなどを表現しているか?

◎ 自分の成長を振り返り、妹と共に成長してきたことを絵や文で表したり、写真を貼ったりして絵本にまとめました。「私の宝物になりそう」と、何度も読み返している姿が印象的でした。

○ 自分の成長について調べたことを、写真や絵や文のいろいろな表現の仕方で分かりやすくまとめることができました。

○ 友達の素敵なところを見つけてカードに書きました。「ありがとう」と、お礼の言葉をそえて友達に渡しているところが素敵でした。

○ 3年生になってからできるようになりたいことについて考え、友達と話し合うことができました。

△ 自分の成長についてどのようにまとめてよいかを友達の様子を見ながら決め、ポスターにまとめました。次の学年に向けての願いをもてるように励ましてきました。

〔主体的に学習に取り組む態度〕 評価のチェックポイント

●自分でできるようになったことなど、自分のよさや可能性に気づき、次の学年でさらに成長しようという願いをもっているか?

◎ 友達とお互いのよいところをカードに書いて教え合いました。また、これまでお世話になった人や家の人にインタビューをして、自分が成長したことが分かりました。さらに、自分から進んでお礼の手紙を書いて、感謝の気持ちを伝えることができました。

○ 自分が小学校に入学してからできるようになったことを、友達と楽しく話し合いながら思い出していました。

○ 自分の小さいころのことに興味をもち、幼稚園の先生を直接訪ねたり、家の人から写真を見せてもらったりして進んで調べました。

○ 入学してくる1年生のために、自分たちが経験してきたことを思い出し、楽しかった学校生活の中から伝えたい出来事を選んで絵にかくことができました。

△ 1年生を迎えるための教室飾りでは、折り紙で花や輪飾りをつくりました。最後まで集中して取り組めるように声をかけてきました。

教科
生活

音楽

指導要録の観点とその趣旨	
観点	趣旨
❶知識・技能	●曲想と音楽の構造などとの関わりについて気付いている。 ●音楽表現を楽しむために必要な技能を身につけ、歌ったり、演奏したり、音楽をつくったりしている。
❷思考・判断・表現	●音楽を形づくっている要素を聴き取り、それらの働きが生み出すよさや面白さ、美しさを感じ取りながら、聴き取ったことと感じ取ったこととの関わりについて考え、どのように表すかについて思いをもったり、曲や演奏の楽しさを見いだし、音楽を味わって聴いたりしている。
❸主体的に学習に取り組む態度	●音や音楽に親しむことができるよう、音楽活動を楽しみながら主体的・協働的に表現及び鑑賞の学習活動に取り組もうとしている。

A　表現（歌唱）

［知識・技能］　　　　　　　　　　　　　　　　　　　　　　　評価のチェックポイント

●曲想と歌詞の表す情景や気持ちとの関わりについて気づいているか？

●思いに合った表現をするために、範唱を聴いて歌ったり、階名で模唱したり、暗唱したりしているか？

●自分の歌声や発音に気をつけて歌っているか？

●互いの歌声や伴奏を聴いて、声を合わせて歌っているか？

◎　「○○」の合唱では、思いに合った表現をするために必要な範唱を聴いて歌ったり、階名で模唱したり暗唱したりして歌う技能を身につけ、声を合わせて歌うことができました。

◎ 範唱をよく聴き、音程、リズム、速度、強弱などを意識し、自分の歌声や発音に気をつけながら歌うことができました。

○ 正しい音程やリズムに気をつけて丁寧に発音する歌い方を身につけることができました。

○ 伴奏をよく聴いて、リズムに合わせて、体を動かし歌うことができました。

△ 大きな声で元気よく歌うことができます。時折、音程やリズムがずれてしまうことがありました。友達の声をよく聴きながら、歌うように指導しています。

△ 友達と一緒に歌う活動に楽しみながら参加していました。一方で、必要以上に大きな声で強い歌い方をしてしまう場面もありました。声を合わせて歌うことに意識が向くように指導を続けています。

〔思考・判断・表現〕　　　　　　　　　　評価のチェックポイント

●その音楽に固有の雰囲気や表情、味わいを感じ取り、それをもとに表現をつくり出しているか？

●どのように歌うかについて、自分の考えをもって工夫しているか？

◎ リズムを聴き取り、拍の流れやリズムとの関わりを感じ取りながら、歌詞の表す気持ちや様子を想像して強弱を工夫し、どのように歌うかについて自分の考えや願いをもつことができました。

◎ 曲の情景をイメージし、とても楽しそうに身体表現しながら歌うことができました。また、フレーズが変わると動きや歌い方を変えるなど、曲想を感じ取って表現を工夫していました。

○ 「○○」の歌では、歌詞の内容を考えながら、楽しそうに身体表現して歌っていました。

○ 「○○」では、お互いの歌をよく聴き合って、楽しく輪唱することができました。また、曲に合わせて振り付けを考えたり、強弱を意識したりして表現を工夫していました。

△ 歌うことが好きで、元気よく歌うことができました。「○○」の曲想に合ったイメージの歌い方をすることが難しく、この曲のイメージを友達と話し合うことで少しずつ自分の考えをもつことができました。

△ 曲想を感じ取って表現を工夫することが難しかったです。思いをもとに、実際に歌って確かめていくことで自分の表現をつくるように声をかけています。

〔主体的に学習に取り組む態度〕　　　　　　　　　　　評価のチェックポイント

● 歌うことや友達と一緒に互いの歌や伴奏を聴いて音楽活動をする楽しさを味わっているか？

● 身の回りの様々な音楽に親しみ、音楽経験を生かして生活を明るく潤いのあるものにしようとしているか？

◎ 歌が大好きで、いつでも口を大きく開けて楽しく歌うことができます。休み時間などには、友達を誘ってオルガンを弾きながらみんなで楽しく歌う姿が印象的でした。

◎ 音楽朝会で紹介された歌を口ずさんだり、好きな曲のフレーズを歌ったり身の回りの様々な音楽に親しみをもって生活することができました。

○ 歌の伴奏が始まると体全体でリズムを取り始め、楽しそうに歌っていました。歌詞の内容を考えながら、情景をイメージして歌うことができました。

○ 前奏が流れただけで体が自然に動き、大きな声で楽しく歌うことができます。また、歌詞にも興味をもって「○○ってこんな感じだよね」と想像力豊かに話すこともできました。

△ 歌っている時、表情が硬く、口もあまり開いていませんでした。体全体で曲をとらえ、恥ずかしがらずにのびのび歌えるように声をかけてきました。

△ クラス全体で歌うことはできます。しかし、みんなの前だと恥ずかしくなり、小さな声になってしまいました。友達と一緒に歌うことで自信がもてるように励ましています。

A　表現（器楽）

〔知識・技能〕　　　　　　　　　　　　　　　　　　評価のチェックポイント

● 曲の雰囲気を楽しんだり、模倣して演奏したりして、曲想をもとにしながら、リズムや旋律などの特徴に気づいているか？

● それぞれの楽器がもつ固有の音色のよさや面白さに気づき、演奏の仕方を工夫することによって、楽器の音色が変わることに気づいているか？

● 音色、リズム、速度、強弱などに気をつけながら繰り返し演奏しているか？

● 楽器固有の音色を意識した打ち方や弾き方などを身につけているか？

● 音程やリズムに気をつけて、友達の音を聞きながら合わせて演奏するなどして器楽表現の楽しさを味わっているか？

◎ 正しい指遣いで鍵盤ハーモニカを演奏することができました。さらに、リズムや速さも意識し曲の雰囲気を見事にとらえて表現することができました。

◎ 「○○」の合奏では、指揮者をよく見ながら音色やリズムに気をつけて合奏することができました。練習の時にも友達の音を聞きながら何度も練習を重ね、とても感心しました。

○ 鍵盤ハーモニカでは、息の使い方を変えると音色も違ってくることに気づき、器楽表現の面白さを味わっていました。

○ 曲の雰囲気を楽しんだり、模倣して演奏したりするなどの音楽活動を通して、リズムや旋律の特徴に気づくことができました。

△ 鍵盤ハーモニカの指遣いに課題がありました。実物投影機を用いて運指を提示し、教師の範奏を視聴させ、指導をしてきました。少しずつ、正しい指遣いで演奏することができるようになってきました。

△ リズムに合わせて打楽器をたたくことが難しいようでした。グループで教え合ったり、1フレーズずつ演奏したりしながら覚えられるように指導を重ねてきました。

〔思考・判断・表現〕	評価のチェックポイント
●感じ取ったことをもとに、いろいろな表現の仕方を体験し、器楽表現を工夫する楽しさを味わい、思いをふくらましているか？ ●どのように演奏するかについて、自分の考えをもっているか？	

◎ 鍵盤ハーモニカの学習では、曲想に合わせて息の使い方を変え音色の違いを利用して演奏することができました。聴いていた友達にも表現の面白さや工夫する楽しさを伝えることができました。

◎ いろいろな楽器による演奏に興味をもち、挑戦をしています。「○○○」の合奏では□□になり、強く演奏するところや弱く演奏するところに気をつけて練習に取り組むことができました。

○ リズム譜を見ながら拍の流れに乗って楽しく打楽器を演奏することができました。また、他の楽器にも興味をもち、楽しく演奏することができました。

○ 鍵盤ハーモニカが大好きです。音楽の時間だけでなく、休み時間になると鍵盤ハーモニカを出していろいろな曲を吹いています。リズムを変えたり、音色を変えたりして工夫する楽しさを味わっていました。

△ 楽器を演奏することに精一杯で、曲の雰囲気や情景を表現するところまでいきませんでした。どのように演奏したいかを聞き取りながら個別に指導を重ねています。

△ 「○○」の曲では、大太鼓を担当し楽しく練習することができました。しかし、思いきりたたくのがうれしくて、ひたすら大きな音でたたいていました。曲の感じと他の楽器とのバランスを考えてたたくことを指導してきました。

<table>
<tr><td>〔主体的に学習に取り組む態度〕</td><td>評価のチェックポイント</td></tr>
</table>

- ●楽器を用いて演奏することや友達と一緒に互いの楽器の音や伴奏を聴いて音楽活動をする楽しさを味わっているか？
- ●身の回りの様々な音楽に親しみ、音楽経験を生かして生活を明るく潤いのあるものにしようとしているか？

◎ 「○○」の合奏では、歌詞の内容や曲のリズムをしっかりと感じ取って、楽しく鍵盤ハーモニカの練習に取り組みました。グループでの練習で、音が合わない時には、手拍子を打つなどして、拍を合わせるように声をかけることもでき、感心しました。

◎ 休み時間には、音楽朝会で紹介された曲や好きな曲のフレーズを鍵盤ハーモニカで吹き、友達に教えたりフレーズごとに交互に演奏したりしながら音楽の楽しさを味わっていました。

○ 「○○」の曲では、リズム楽器に立候補し、タンバリンの練習に楽しんで取り組みました。他の楽器の音をよく聴き、リズムに合わせて楽しく演奏していました。

○ 楽しそうに木琴を演奏していました。また、友達とリズムを合わせるなどして音楽活動を楽しむ姿も見られました。

△ 楽器を演奏することに興味はあるのですが、友達の演奏に頼ってしまう傾

向があります。曲の雰囲気を感じて演奏することの楽しさを味わうために、同じグループの友達とイメージを伝え合うように声をかけてきました。

△ いろいろな楽器に興味をもち挑戦するのですが、すぐに他の楽器へ興味が移ってしまいます。1つの楽器にじっくり取り組むように指導をしてきました。

A　表現（音楽づくり）

〔知識・技能〕　　　　　　　　　　　　　　　　評価のチェックポイント

●声や身の回りの様々な音の特徴を感じ、どのような面白さがあるのかについて気づいているか？

●音やフレーズのつなげ方の特徴について、面白さに気づいているか？

●設定した条件に基づいて、即興的に音を選んだりつなげたりしているか？

●音楽の仕組みを使って、音を簡単な音楽にしているか？

◎ リズム遊びでは、「○○」の曲の拍の流れにのって自分たちのグループでつくったリズムをいろいろな楽器で打つことができました。さらに、楽器のもつ音の違いに気づき、それらを組み合わせて、音の特徴を生かした発表をすることができました。

◎ 「○○」の学習では、音の音色や高さを聴き取り、それらの組み合わせによる表現の面白さに気づくことができました。

○ いろいろな楽器に触れながら、曲の雰囲気に合った音色を見つけることができました。拍の流れを感じ取りながらリズム遊びもできていました。

○ 「空き缶の方がいい音がするよ」と自作のマラカスをみんなに聞かせ、音の違いを楽しんでいました。音楽の時間のたびに自作の楽器をいろいろつくり、それを使って楽しくリズム遊びをすることができました。

△ 音の大きさが曲の雰囲気に合わなかったり、拍の流れにのり切れなかったりしたことがありました。歌詞の内容や気分を感じ取りながら取り組めるように指導してきました。

△ 体のいろいろな部分を手でたたいて音を出すことで、リズムづくりをしました。リレー形式で音をつないでいく活動では、なかなか自分の思った通りにリズムがきざめずにいました。どんなリズムでもいいので、楽しみながら活動できるように声をかけてきました。

〔思考・判断・表現〕　　　　　　　　　　　　　　　評価のチェックポイント

● 音遊びを通して、音楽づくりの発想を得ているか？

● 思いを伝え合うことと、実際に音で試すことを繰り返しながら、表現を工夫し、思いをふくらませているか？

◎ いろいろな楽器で音を見つけていた時、今までにないような楽器の音を見つけるなど、とてもユニークな発想で音やリズムを工夫することができました。

◎ 旋律を聴き取り、その働きが生み出すよさを感じ取って、つなぐ音を試しながら旋律遊びをすることができました。

○ リズムを聴き取り、反復を生かして歌ったり、リズムの組み合わせを試したりしながら、どのように音楽をつくるかについて思いをもって取り組むことができました。

○ 楽器の特性を感じ取り、情景に合った音を見つけていました。いろいろと経験を多く積むことで、独自のリズムが生み出せるのではないかと期待しています。

△ どの楽器の音と情景が合うのか、見つけるのに時間がかかっていました。多くの楽器を演奏しながら音色を確かめていくと、イメージしやすくなると声をかけてきました。

△ 音楽づくりの学習では、自分のイメージがなかなか浮かばずにじっとしていることがありました。教師と一緒にフレーズを考えながら、イメージをふくらませるように指導してきました。

[主体的に学習に取り組む態度]　　　　　　　　　　評価のチェックポイント

●音遊びの経験を通して、声や身の回りの様々な音に興味をもち、主体的に音楽づくりに取り組んでいるか？

●身の回りの様々な音楽に親しみ、音楽経験を生かして生活を明るく潤いのあるものにしようとしているか？

◎ 「○○」の学習では、声の音色や音の高さに興味・関心をもち、自分の考えた音を声で表現したり、友達と組み合わせたりする音遊びに楽しんで取り組むことができました。

◎ 声や身の回りの様々な音の違いに興味・関心をもち、主体的に音楽づくりに取り組み、みんなに発表することができました。

○ リズムづくりや、ふし遊びにも楽しそうに取り組んでいました。自然現象にも興味をもち、面白い音を見つけていました。

○ 「○○」の曲では、曲に合わせてリズム打ちを工夫することを楽しみ、数種類のパターンのリズム打ちを披露しました。

△ リズムを真似したり、楽しんだりすることはできるのですが、自分からリズムづくりをしようとする姿は見られませんでした。いくつかのパターンを例示し、その中から選び、リズムをつくることから取り組んでいます。

△ 大太鼓や小太鼓、タンバリンをたたいたりするのは大好きなのですが、曲に合わせたリズム打ちの学習では静かに友達の演奏を眺めていました。一緒にリズムを打ちながら曲に合わせる練習をしました。

B 鑑賞

●音楽表現のよさや楽しさを感じ取りながら、様々な楽曲を聴いたり、範唱や
範奏、友達の表現を聴いたりしているか？

●音楽に合わせて体を動かし、感じ取ったことや気づいたことを伝え合ってい
るか？

◎ 「○○」の鑑賞では、いろいろな打楽器の音色を聴き取り、その働きが生
み出す面白さや演奏のよさを感じ取りながら音色の違いに気づくことができ
ました。

◎ 様々な楽曲をじっくりと聴き、音楽表現の楽しさを味わっていました。また、
友達の演奏を聴き、その表現のよさに気づき、伝えることができました。

○ 楽器を演奏する真似をすることでリズムなどが変化する部分を確かめたり、
音楽に合わせて体を動かしたりして、感じ取ったことや気づいたことを伝え
合っていました。

○ 情景をイメージしながら聴くことができました。旋律のもつ面白さなど、体
全体で深く感じ取っていました。

△ 聴いていてもなかなか集中できず、音楽の流れに合わせて動くことが難し
いようです。まずは、気に入った曲をじっくりと聴きながら、感覚を磨けるよ
う指導しています。

△ 音楽を聴きながら、指揮者の真似をしたり体を動かしたりして楽しく聴いて
いるのですが、そのうちふざけてしまうことがありました。リズム感のよさを
学習に結び付けられるように指導をしてきました。

教科
音楽

◎　音楽の鑑賞では、「行進するような曲」「踊るような曲」「静かな曲」「楽しい曲」
　　と聴き分けることができました。さらに、曲や演奏の楽しさについて考えを
　　もち、曲全体を聴き理解を深めていました。

◎　○○の曲は、「トランペットとバイオリンがリレーのように何回も出てくるから、
　　楽しく感じる」など曲や演奏の楽しさについて考えをもつことができました。

○　曲を聴く中で、曲調の変わったところを逃すことなく、自分の身体表現も変
　　えながら、楽しんで聴くことができました。

○　音楽を聴く時はいつも指揮者の真似をし、リズムに合わせて全身を動かし
　　楽しみながら聴くことができました。

△　曲調が変化していっても、その違いを感じ取ることが難しいようでした。身
　　体表現での経験を増やし、曲の気分を味わえるように励ましてきました。

△　音楽を聴く時間になるといつも元気がなくなってしまいます。曲のイメージを
　　つかんだり、リズムに合わせて体を動かしたりしながら聴くことの楽しさを
　　感じられるように励ましてきました。

◎　体全体で曲のイメージを感じ取りながら、様々な音楽に浸ることができまし

た。また、友達の演奏のよいところを見つけるなど、積極的な姿に感心しました。

◎ 音楽を聴いて気づいたことや感じ取ったことを進んで友達に伝えることができました。その気づきをもとに、再度音楽を聴くことで、より興味・関心をもって聴くことができました。

○ 音楽を楽しみながら聴くことができました。また、友達のよいところにも関心を示しながら、聴いていました。

○ 音楽朝会で上級生が発表した曲が気に入り、いつも口ずさんでいます。自分でこの曲が好きだと感じること、そしてそれを表現できることは素晴らしいことです。

△ いろいろな情景を表す音楽を聴いていても、あまり関心を示していませんでした。映像資料などを使い、演奏のよさや楽しさに気づけるように声をかけてきました。

△ わらべうたや遊びうたなどは、自然と体を動かし楽しく聴くことができました。どの曲にもよさがあることを伝え、いろいろな曲のよさを見つけられるよう励ましてきました。

図画工作

指導要録の観点とその趣旨	
観点	趣旨
❶知識・技能	●対象や事象を捉える造形的な視点について自分の感覚や行為を通して気付いている。 ●手や体全体の感覚などを働かせ材料や用具を使い、表し方などを工夫して、創造的につくったり表したりしている。
❷思考・判断・表現	●形や色などを基に、自分のイメージをもちながら、造形的な面白さや楽しさ、表したいこと、表し方などについて考えるとともに、楽しく発想や構想をしたり、身の回りの作品などから自分の見方や感じ方を広げたりしている。
❸主体的に学習に取り組む態度	●つくりだす喜びを味わい楽しく表現したり鑑賞したりする学習活動に取り組もうとしている。

A 表現（造形遊び）

〔知識・技能〕 評価のチェックポイント
●身近で扱いやすい材料や用具に十分に慣れているか？ ●並べたり、つないだり、積んだりするなど手や体全体の感覚を働かせ、活動を工夫して、創造的につくったり表したりしているか？

◎ 砂や土の感触を十分に味わいながら、山をつくったり、穴を掘ってトンネルをつくったりして、いろいろな形を思いつき活動を工夫していました。

◎ 新聞紙という大きな紙の質感や特徴を体全体を使って味わい、広げたり破いたり丸めたりして形を変えながら思いついた形をつくることができました。

◯ 砂や土の感触を味わい、体全体で活動に取り組んでいました。

○　新聞紙を並べたりつないだり、破いたり丸めたりしながら、紙の大きさや感触を感じ取ることができました。

△　ゼリーやプリンなどのカップの型に砂を入れて形をつくっていました。決まった形だけでなく、友達と関わる中でイメージをふくらませ、活動を広げられるように指導を繰り返してきました。

△　一枚の新聞紙を広げて並べたり、丸めたりして活動を楽しんでいました。はさみで切ったり、手でちぎったりして偶然できる形の面白さも味わえるように一緒に取り組んできました。

> 〔思考・判断・表現〕　　　　　　　　　　　　　　　　評価のチェックポイント
>
> ●身近な自然物や人工の材料の形や色などをもとに、造形的な活動を思いついているか？
> ●感覚や気持ちを生かしながら、どのように活動するかについて考えているか？

◎　小石の形や木の葉の色の面白さなどから、様々なことを思いついて活動したり、友達と関わりながら次の活動を思いついたりしながら、ものづくりをすることができました。

◎　はさみの扱い方に慣れ、紙の切り方を工夫して切ったり、手で破いたりしながら、自分の思いに合わせて紙のつなぎ方を工夫していました。

○　砂や土の感触を味わいながら、砂や土の造形遊びを体全体で楽しんでいました。○○さんの楽しそうな笑顔が印象的でした。

○　並べたり、つないだり、積んだりしながら、自分のつくりたいものを考えて、作品づくりをしていました。

△　造形遊びの学習では、楽しみながら活動することができました。さらに、縄やひも、空き箱の形や色をもとに自分なりの工夫ができるよう指導しました。

△ 材料を前にしても、イメージがふくらまず、なかなか活動を始めることができませんでした。もっと自由にのびのびと活動を楽しむことができるように声をかけてきました。

[主体的に学習に取り組む態度]　　　　　　　　　　　　評価のチェックポイント

●つくり出す喜びを味わい楽しく表現する学習活動に取り組もうとしているか？

◎ 小石や木の葉を使って、進んで友達と関わり合い、自分なりのアイデアを出して、楽しく作品づくりに取り組んでいました。

○ 造形遊びの学習では、道具に慣れ親しみ、楽しく縄やひもを使って作品づくりに取り組んでいました。

△ 材料を手にとって並べたりするのですが、なかなか作品を仕上げることができませんでした。諦めずに、粘り強く取り組むよう、言葉をかけました。

A　表現（絵や立体、工作）

[知識・技能]　　　　　　　　　　　　　　　　　評価のチェックポイント

●身近で扱いやすい材料や用具に十分に慣れ親しんでいるか？

●手や体全体の感覚などを働かせ、表したいことをもとに表し方を工夫しているか？

◎ 「チョキチョキ　かざり」では、色紙を重ねて切りながら、自分の思いに合った形や使いたい色を思いついたり、紙の重ね方や切り方、飾り方などを工夫したりすることができました。

◎ 「素敵なもの　いっぱい」では、色、形、大きさ、触り心地などをもとにし

ながら、様々な並べ方や飾り方を工夫していました。

◎ 遠足や運動会の絵では、楽しかったことを大きくのびのびとかいていました。また、動きのある構図で表情も豊かに表現することができました。

○ 楽しかったことや好きなことなど、友達に話したいことを絵に表すことができました。

○ くしゃくしゃにした紙をふくらませたり、ねじったり、しばったりして、形を変えることを楽しみながら作品づくりをしていました。

△ 「○○」の学習では、自分の好きな色を塗るだけでなく、見つけた形に合う色を選んだり、友達と相談しながら混色したりできるように指導をしてきました。

△ はさみやのりを使って切ったり貼ったりする時や、クレヨンや絵の具で色を塗ったりする時に、丁寧に作業することができるように繰り返し声かけをしてきました。

〔思考・判断・表現〕　　　　　　　　　　　　　　　評価のチェックポイント

●感じたこと、想像したことから、表したいことを見つけているか？

●好きな形や色を選んだり、いろいろな形や色を考えたりしながら、どのように表すかについて工夫しているか？

◎ 「いろいろな　はこから」では、箱を並べたり積んだりする活動を通して、箱の形や色をとらえ、自分なりのイメージをもって立体をつくることができました。

◎ 「とろとろえのぐで　かく」では、指や手で思いのままかくことを楽しみながら、思いついたことや表し方を工夫して絵に表していました。

○ 「のってみたいな　いきたいな」では、乗ってみたいものに乗って、行って
みたい場所やしてみたいことなどを自由に絵で表現することができました。

○ 「見て　見て　おはなし」では、物語の好きな場面を選び、思いのこもった
絵を仕上げました。

△ 「○○」では、材料をたくさん準備することができました。ただ、その材料
を十分に使わないまま仕上げてしまったのが残念でした。それぞれの材料
の面白さを見つけて生かせるように指導してきました。

△ ○○をつくった時は、最後まで作品を仕上げようとがんばっていました。他
の作品の時もその気持ちをもち続けられるように指導を繰り返してきました。

〔主体的に学習に取り組む態度〕	評価のチェックポイント
●つくり出す喜びを味わい楽しく表現する学習活動に取り組もうとしているか？	

◎ 絵の具を使って絵をつくり上げる学習に進んで取り組んでいます。自分の思
いを表現するために、最後まで集中して粘り強く取り組む○○さんの姿がと
ても印象的でした。

○ 物語の好きな場面を選び、絵をかく学習では、友達の助言を聞きながら自
分のイメージを上手に表現していました。

△ 「○○」では、自分で見つけた材料を用意して、作品に仕上げることができ
ました。さらに、もっといろいろな材料が使えるよう指導してきました。

B 鑑賞

〔知識・技能〕　　　　　　　　　　　　　　評価のチェックポイント

●自分の感覚や行為を通して、作品の形や色などに気づいているか？

◎ 作品鑑賞の際に、作品の形や色、表現の仕方など、気づいたことを発表することができました。

○ 展示された友達の作品を鑑賞する際に、特徴を見つけようと熱心に見ていました。

△ 鑑賞する際に、どう見たらよいか分からなかった様子だったので、色の美しさや形の面白さに着目してみるように助言してきました。

〔思考・判断・表現〕　　　　　　　　　　　評価のチェックポイント

●自分たちの作品や身近な材料などの造形的な面白さや楽しさ、表したいこと、表し方などについて、感じ取ったり考えたりし、自分の見方や感じ方を広げているか？

◎ 作業の途中でも、友達と作品を見合うことを通して、参考になる点を見つけ自分の作品に生かそうとしていました。

◎ 友達の作品を鑑賞する時に、「○○さんの〜、本当の〜みたいだね」「〜のところが、まるで〜のようだね」などと、熱心に見ていました。

○ 作品が展示されると、すぐに見に行き、友達の作品のよいところや面白いところを見つけていました。

○ 展示された友達の作品をじっと見つめている姿を見かけました。作品のよさや表し方に関心をもって鑑賞している様子がうかがえました。

△ 互いに見せ合ったり遊んだりする中で、どのような工夫をしたのか発表し合い、友達の作品の面白さに気づくよう声をかけてきました。

△ 鑑賞する際に、どこをどのように見たらよいのかがよく分からない様子が見られました。作品を鑑賞する活動を増やして、作品を見る楽しさを実感させるとともに、造形的な面白さや楽しさを味わえるように指導をしてきました。

〔主体的に学習に取り組む態度〕	評価のチェックポイント
●つくり出す喜びを味わい楽しく鑑賞する学習活動に取り組もうとしているか?	

○◎ 作品が展示されると進んで見に行き、その作品のよいところやおもしろいところを熱心に見つけ出そうとしている姿が印象的でした。

○ 展示されている友達の作品をじっと見つめていました。作品のよさを自分なりに表現しようとしていました。

△ 作品鑑賞に対して興味が薄いようでした。作品をつくるだけでなく、友達の作品のよさを見つけると、より発想がふくらむということを指導してきました。

体育

指導要録の観点とその趣旨	
観点	趣旨
❶知識・技能	●各種の運動遊びの行い方について知っているとともに、基本的な動きを身に付けている。
❷思考・判断・表現	●各種の運動遊びの行い方を工夫しているとともに、考えたことを他者に伝えている。
❸主体的に学習に取り組む態度	●各種の運動遊びの楽しさに触れることができるよう、各種の運動遊びに進んで取り組もうとしている。

A　体つくりの運動遊び

〔知識・技能〕　　　　　　　　　　　　　　　　　評価のチェックポイント

●体つくりの運動遊びの楽しさに触れ、その行い方を知るとともに、体を動かす心地よさを味わったり基本的な動きを身につけているか?

◎　ボールを使った運動遊びでは、遠くまでボールを飛ばす方法を考えながら、友達と繰り返し投げ合って、とても力強くボールを投げられるようになりました。

◎　体のバランスをとる運動遊びでは、力の入れ方のコツをすぐにつかみ、友達とタイミングを合わせて何度も立ったり、座ったりしながら楽しむ姿が見られました。

○　体ほぐしの運動遊びでは、リズムにのって歩いたり、走ったりすることができました。友達と一緒にいきいきと楽しく、笑顔で活動している姿が印象的でした。

○　「かけ足」の学習では、自分の無理のない速さをつかみ、一定の速さで3分間走り続け、走り終わった後には心地よい汗をかいていました。

△ 「長なわ跳び」の学習では、入るタイミングに自信がもてず、なかなかなわを跳ぶことができませんでしたが、休み時間にも粘り強く練習に取り組み、入るタイミングを覚えることができました。繰り返し跳べるよう、一緒にタイミングをつかみながら練習をしました。

△ 体を移動する運動遊びでは、最初は恥ずかしがって友達と一緒に活動することができませんでしたが、徐々に自分なりのやり方で学習に参加できるようになりました。

［思考・判断・表現］　　　　　　　　　　　　評価のチェックポイント

●体をほぐしたり多様な動きをつくったりする遊び方を工夫したり、考えたことを友達に伝えたりしているか？

◎ フラフープを使った運動遊びでは、動きのコツをすぐにつかみ、新しい動きに挑戦したり、運動を楽しむための遊び方を工夫して友達に広めたりすることができました。

◎ 「すもう遊び」の学習では、相手に勝つための技を工夫したり、みんなが楽しめるようなルールを考えたりしながら楽しんでいる姿が見られました。

○ 「ボール運びリレー」の学習では、友達とボールを落とさないで運ぶ方法を考え、チームのみんなに伝える姿が見られました。

○ フラフープを使った運動遊びでは、フープがうまく転がるような投げ方を考えながら、繰り返し練習する姿が見られました。

△ ボールを使った運動遊びでは、どう投げたらよいか分からず、なかなかボールを投げることができませんでした。教師や友達からのアドバイスで徐々に投げ方に慣れるようがんばってきました。

△ 「かけ足」の学習では、一定の時間走り続けることが難しく、すぐ止まってし

まう場面がしばしばありました。ゆっくりでもいいので、「自分のペース」で
走り続けることができるように声をかけてきました。

［主体的に学習に取り組む態度］　　　　　　　　　評価のチェックポイント

●運動遊びに進んで取り組み、きまりを守り誰とでも仲よく運動をしたり、場
の安全に気をつけたりしているか？

◎　「ボール運びリレー」の学習では、チームの友達と力を合わせて運動を楽し
む姿が見られました。運動場に出ると真っ先に用具の準備をするなど、意
欲的でした。

◎　「すもう遊び」の学習では、いろいろな友達と繰り返し力比べをしていました。
ルールや安全に気を配りながら活動し、勝っても負けても楽しそうに笑って
いる姿が印象的でした。

○　体ほぐしの運動遊びでは、決められた規則をきちんと守り、自分のできる動
きを楽しむことができました。準備や後片づけも友達と協力しながら行うこ
とができました。

○　体を移動する運動遊びでは、体を移動する順番や約束を守り、自分のでき
る動きで運動を楽しんだり、できそうな動きに挑戦したりする姿が見られま
した。

△　「ボールはこびリレー」や「すもう遊び」の学習では、「勝ちたい」という気持
ちが先行して、友達とトラブルになることもありました。このようなトラブル
を生かして、「きまりを守る」ことや「相手を思いやる」ことの大切さを学んで
いけるよう支援してきました。

△　ペアになって学習する時に、特定の仲のよい友達と一緒に活動したがる様
子が多く見られました。仲のよい友達がいることは、素敵なことですが、学
習の中では誰とでも仲よく活動できるよう言葉かけを続けてきました。

教科
体育

B 器械・器具を使っての運動遊び

〔知識・技能〕　　　　　　　　　　　　　　　　　　　　評価のチェックポイント

●器械・器具を使っての運動遊びの楽しさに触れ、その行い方を知るとともに、
　その動きを身につけているか？

◎　校庭にあるジャングルジムや雲梯などで、いろいろな登り方や下り方、ぶら
　下がり方に挑戦していました。たいへん身軽な動きにクラスの友達からも認
　められていました。

◎　鉄棒を使った運動遊びでは、練習をしながらコツをつかみ、「こうもり」や「こ
　うもりふり」、「前回り」や「足抜き回り」など、たくさんの技をきれいにできる
　ようになりました。

○　マットを使った運動遊びでは、「ゆりかご」「前転がり」「後ろ転がり」など、
　いろいろな転がり方をすることができました。また、「うさぎ跳び」「かえる
　の足打ち」など、手や背中で体を支える動きもできるようになりました。

○　跳び箱を使った運動遊びでは、片足で踏み切って跳び箱に跳び乗ったり、
　ジャンプして跳び下りたりしながら、ダイナミックに活動する姿が見られまし
　た。

△　跳び箱を使った運動遊びでは、助走の勢いを踏み切りにつなげられずに
　止まってしまう姿がしばしば見られました。自然に踏み切りができる場をつく
　り繰り返し練習することによって、跳び箱の上にまたがることができるように
　なりました。

△　ジャングルジムでは高いところに恐怖を感じてしまい、消極的になってしま
　う場面が見られました。「まずは低いところからでいいよ」と声かけをすると、
　低いところで活動をはじめ、少しずつ動作に慣れてきました。

●器械・器具を用いた簡単な遊び方を工夫したり、考えたことを友達に伝えた
りしているか？

◎　跳び箱やマットを使った運動遊びでは、友達と楽しめるための場づくりの
アイデアをたくさん出すことができました。クラスの友達もそれを受け入れ、
みんなで楽しく運動することができました。

◎　鉄棒を使った運動遊びでは、様々な技のポイントを考えながら練習したり、
そのやり方を友達に伝えたりしながら積極的に活動することができました。

○　マットを使った運動遊びでは、その場に合った動きを自分なりに工夫したり、
友達の動きを真似したりしながら、運動を楽しむ姿が見られました。

○　固定施設を使った運動遊びでは、ジャングルジムに興味をもって活動しまし
た。友達とルールを決めて鬼ごっこをするなど、遊び方を工夫しながら楽し
んでいました。

△　鉄棒を使った運動遊びでは、最初は自分に合っためあてを考えることが難し
く、なかなか活動に入れない様子でした。友達の動きを見ているうちに、自
分にできそうな技を考えながら少しずつ活動できるようになってきています。

△　マットを使った運動遊びでは、最初は動き方のきまりが分からない様子で
したが、教師のアドバイスや友達の動きを見ることによって、少しずつその
場に合った動きができるようになってきました。

教科
体育

〔主体的に学習に取り組む態度〕　　　　　　　　　　　評価のチェックポイント

●運動遊びに進んで取り組み、順番やきまりを守り誰とでも仲よく運動をした
り、場や器械・器具の安全に気をつけたりしているか？

◎　跳び箱を使った運動遊びでは、たいへん意欲的に活動していました。器具

の使い方や置き方などの場の安全に気をつけながら、準備や片づけを自分から率先して行う姿も見られました。

◎ マットを使った運動遊びでは、学習のきまりや順番をきちんと守りながら、様々な動きに挑戦する姿が見られました。どの友達とも楽しそうに活動する姿が印象的でした。

○ 鉄棒を使った運動遊びでは、ルールや順番を守って様々な動きに挑戦し、「ふとんほし」や「ツバメ」などの技ができるようになりました。

○ 固定施設を使った運動遊びでは、ジャングルジムや雲梯などの遊具を使って楽しく活動していました。友達と笑顔で活動する姿が印象的でした。

△ 活動に対する意欲は高いのですが、「自分がやりたい」という思いが強く、順番やルールに関して友達とトラブルになる場面もしばしば見られました。このような経験を通して、約束やルールの大切さを身につけられるよう支援してきました。

△ マットを使った運動遊びでは、楽しそうに一生懸命取り組むのですが、楽しくなりすぎてしまい、危険な行為に発展するような場面がありました。学習を安全に行うことの大切さについて、今後も指導を続けていきます。

C 走・跳の運動遊び

〔知識・技能〕	評価のチェックポイント
●走・跳の運動遊びの楽しさに触れ、その行い方を知るとともに、その動きを身につけているか？	

◎ 「折り返しリレー」では、毎回意欲的に活動していました。両腕をしっかり振り、足を高くあげて走る姿勢や、大きな声で「はい」と言いながらバトンパスする姿は、クラスの見本となりました。

◎ 「幅跳び遊び」では、助走の勢いを生かして力強く踏み切り、跳ぶ距離をどんどん伸ばしていきました。遠くまで跳べた時には、「新記録だ!」と笑顔を見せていました。

○ 「かけっこ」の学習では、スタートの時の集中力が素晴らしかったです。重心を前にしたフォームもとてもよく、いつも一番に飛び出すことができました。

○ 「ケンパー跳び遊び」では、楽しそうに活動に取り組み、並べられた輪を片足や両足でリズミカルに跳ぶことができました。

△ 体の動かし方に慣れておらず、走り方や跳び方にややぎこちなさが見られます。基本的な動きから取り組ませ、段々と動きのバリエーションを増やしていけるよう支援してきました。

△ 「幅跳び遊び」では、踏み切りが両足になってしまい、助走の勢いを生かせていない様子が見受けられました。少ない歩数の助走をするなど、スモールステップの指導で、動きに慣れさせてきました。

〔思考・判断・表現〕　　　　　　　　　　　　評価のチェックポイント

●走ったり跳んだりする簡単な遊び方を工夫したり、考えたことを友達に伝えたりしているか?

◎ 「障害物リレー」では、どのように障害物を並べたら速く走れるか進んで考え、いろいろ試しながらチームの中心になって話し合っていました。作戦がうまくいき、よい結果を出すことができた時には本当にうれしそうでした。

◎ 「ゴム跳び遊び」では、「どうすればうまく跳べるか」を意識しながら何度も練習をしていました。また、うまく跳べない友達に、そのコツをアドバイスしながら一緒に練習する姿も見られました。

○ 「折り返しリレー」では、チームの友達と協力しながら、折り返し地点での回

り方やバトンの渡し方を工夫して走ることができました。

○ 「かけっこ」の学習では、直線のコースと曲線のコースで走るスピードを変えながら、器用に決められたコースを走ることができました。

△ 「ケンパー跳び遊び」では、動きのきまりが理解できなかった様子で、うまくできないと「疲れちゃった」と活動をやめてしまう様子が見られました。自分に合った楽しく遊べる場を選べるように励ましています。

△ 「走ったり跳んだりする遊び」に対して楽しく取り組んでいますが、活動後に、「感想」や「動きのポイント」「友達のよかったところ」を発表したり、カードに記入したりすることに抵抗感があるようです。めあてをもって取り組む大切さに気づけるよう、支援してきました。

〔主体的に学習に取り組む態度〕　　　　　　　　　　　　評価のチェックポイント

●運動遊びに進んで取り組み、順番やきまりを守り誰とでも仲よく運動をしたり、勝敗を受け入れたり、場の安全に気をつけたりしているか？

◎ 「折り返しリレー」では、自分が力いっぱい走るだけでなく、チームの友達に「がんばれ！」と大きな声援を送って取り組む姿が印象的でした。用具の準備や片づけにも進んで取り組むことができました。

◎ 「幅跳び遊び」では、跳ぶ距離を伸ばすために繰り返し熱心に練習していました。また、友達とぶつからないよう声かけをしたり、友達のよさを称賛したりする姿も見られました。

○ 「ケンパー跳び遊び」では、友達と仲よくいろいろな跳び方を試しながら、足が輪から外れないようにリズムよく跳んでいました。

○ 「障害物リレー」では、約束を守って競争することができました。汗をいっぱいかきながら、勝っても負けても元気いっぱい楽しく取り組めました。

△ 「勝ちたい」という気持ちが強く、リレー遊びの時、負けてしまうと友達を責めてしまう様子が見られました。勝敗の結果を素直に受け入れ、みんなで楽しく活動できるよう指導しています。

△ 走ったり跳んだりする運動が好きで、何でもやりたい気持ちは強いのですが、順番やルールを守れずに友達とトラブルになることがありました。きまりを守って学習する大切さについて指導してきました。

D　水遊び

〔知識・技能〕	評価のチェックポイント
●水遊びの楽しさに触れ、その行い方を知るとともに、その動きを身につけているか？	

◎ もぐったり浮いたりする運動遊びでは、水に顔をつけて口や鼻から息を吐くことがきちんとできています。水にもぐって石を拾ったり、体の力を抜いていろいろな浮き方にチャレンジしたりすることができました。

◎ 「水中鬼ごっこ」の活動では、水の抵抗や浮力に負けないように手で水をかいたり、足でプールの底を蹴ったりしながら、水の中を自由に歩いたり方向を変えたりしながら楽しんでいました。

○ 友達と楽しみながら、水中で「どうぶつごっこ」や「鬼遊び」などの活動をしました。いろいろな姿勢で歩いたり、方向や速さを変えて走ったりすることができました。

○ 体の力を抜いて、水に浮くことができます。壁や友達につかまりながら浮いたり、体を伸ばした姿勢で進んだりすることができました。

△ 小プールで「電車ごっこ」などの遊びを楽しむことができました。ただ、顔に水がかかることに対する抵抗が大きいようです。「顔が水につけられる」

ことは今後の学習に大きく関係してくるので、継続して指導してきました。

△　水に対する抵抗感があり、プールに入ることに対して消極的な面が見られ
　　ました。小さなプールに入ることに対する抵抗感は薄れてきたので、友達と
　　体に水をかけ合ったり、肩まで水中につかって活動したりできるようになり
　　ました。

〔思考・判断・表現〕　　　　　　　　　　　　　　　　評価のチェックポイント

●水の中を移動したり、もぐったり浮いたりする簡単な遊び方を工夫したり、
　考えたことを友達に伝えたりしているか？

◎　浮いたり、もぐったりする水中の動きのポイントを身につけ、水中じゃんけん
　　や鬼ごっこなどの遊びや、自分が考えた新しい遊びなどを、友達と相談し
　　て楽しく行っていました。

◎　水中での息の吐き方を正しく身につけ、水中でのじゃんけんを繰り返したり、
　　水中で伝言ゲームを行ったりする活動を考え、友達に提案しながら楽しく活
　　動する姿が見られました。

○　友達の動きを見ながら、水に浮いたりもぐったりする時の体の動かし方を自
　　分の動きに取り入れようとしていました。また、友達に声をかけられて、鬼ごっ
　　こなどの遊びを楽しんでいました。

○　水遊びに主体的に取り組み、友達と声をかけ合いながら、水中鬼ごっこや
　　水中じゃんけんなどの活動を楽しんでいる姿が多く見られました。

△　教師が指示した活動に対しては積極的に取り組むことができます。自分で
　　遊び方を工夫したり、友達と関わったりしながら活動できるよう支援してき
　　ました。

△ 活動を繰り返すうちに、水に浮いたり、もぐったりすることができるようになりました。学習後の振り返りで、自分の工夫した点や友達のよい動きなどについて表現できるよう、指導してきました。

[主体的に学習に取り組む態度]　　　　　　　　　評価のチェックポイント

● 水遊びに進んで取り組み、順番やきまりを守り誰とでも仲よく運動したり、水遊びの心得を守って安全に気をつけたりしているか？

◎ 水遊びの学習では、安全上の約束をきちんと守り、毎回楽しそうに様々な活動に取り組んでいました。順番やきまりが守られていないと、やさしい言葉で友達にアドバイスするなど、しっかりとした姿も見られました。

◎ 「まねっこ遊び」の活動では、自分の動きを工夫したり、いろいろな友達の動きを真似したりしながら、笑顔で楽しそうに活動する姿が印象的でした。誰とでも仲よく活動できる○○さんは、友達からも信頼されています。

○ 水遊びの学習では、水中を歩いたり走ったりしながら「貨物列車」や「鬼ごっこ」をしたり、顔を水につけてじゃんけんをしたり、いろいろな浮き方をしたりする活動を楽しんでいる様子が見られました。

○ 水に慣れ、友達と楽しく水中じゃんけんや鬼遊びなどの活動をしていました。友達と声をかけ合いながら、ビート板などの用具の準備や片づけをすることができました。

△ 徐々に顔を水につけられるようになったので、活動の幅が広がってきています。友達と一緒に電車ごっこなどの遊びが抵抗感なくできるようになりました。さらに水に親しめるよう支援しています。

△ 水に対する抵抗感も、最初の頃よりはだいぶ和らいできたように感じます。まだ顔に水がつくことが苦手な様子ですので、少量の水を顔につける活動を続けているところです。

E ゲーム

●ゲームの楽しさに触れ、その行い方を知るとともに、易しいゲームをしているか？

◎ 「シュートゲーム」の学習では、チームの中心となって活躍しました。とても柔らかい動きでボールをコントロールして、友達にパスをしたり、シュートを決めたりしながら、ゲームを楽しむ姿が多く見られました。

◎ 「鬼遊び」の学習では、相手にタッチされないように、空いている場所を見つけて素早く走ったり、巧みに身をかわしたりしながら、楽しく遊ぶ姿が見られました。

○ 「ドッジボール」の学習では、ボールが飛んでくる位置に移動して相手の球を捕ったり、相手のコートにボールを素早く投げ入れたりしながら、ゲームを楽しむことができました。

○ 「的当てゲーム」の学習では、正確に球を投げることができました。状況に応じて両手で投げたり、片手で投げたりしながら、ねらった的に当てることができました。

△ ボール操作に慣れていないためか、ボールを使ったゲームの時にはボールを触らず逃げていることが多いです。ボールを投げたり、捕ったりという活動を準備運動に入れて、徐々にボール操作に慣れさせてきました。

△ 「鬼遊び」では、相手につかまってしまうことが多く、やる気をなくしてしまうことがしばしばありました。上手な逃げ方に気づかせたり、ルールを工夫したりすることで、少しずつ学習意欲が高まってきました。今後も継続して指導していきます。

> ●簡単な規則を工夫したり、攻め方を選んだり、考えたことを友達に伝えたり
> しているか？

◎　「鬼遊び」では、みんなが楽しめるようなルールをいろいろと考え、全体の
　　前で発表することができました。そうやって決まったルールで、クラス全員
　　が楽しく活動することができました。

◎　「シュートゲーム」の学習では、どうやったら相手の守りをかわすことができ
　　るか作戦を考え、チームの友達に伝えていました。その作戦を生かした練
　　習をチームで行い、ゲームでもその成果を発揮していました。

○　「的当てゲーム」の学習では、毎回自分なりのめあてをもって参加し、友達
　　とルールを工夫したり、作戦を考えたりしながら取り組むことができました。

○　「転がしドッジボール」の学習では、「どうやったら多くの相手に当てられるか」
　　を考えながら、チームの友達と協力しながら活動する姿が見られました。

△　新しいゲームを始めると、ルールやゲームの仕組みを覚えるのに時間がか
　　かり、最初のうちは積極的に動けないこともありました。友達の動きを見た
　　り、友達から声をかけられたりしながら少しずつゲームに参加できるように
　　なりました。

△　ボールゲームの学習が好きで、意欲的にゲームに参加しています。しかし、「自
　　分がやりたい」という気持ちが強く出すぎて、チームの友達とトラブルになる
　　こともありました。そのため、みんなで楽しくゲームをするにはどうしたらよ
　　いかを話し合うよう指導してきました。

教科
体育

●ゲームに進んで取り組み、規則を守り誰とでも仲よく運動をしたり、勝敗を
受け入れたり、場や用具の安全に気をつけたりしているか？

◎ 「的当てゲーム」の学習では、友達と声をかけ合ったり、ルールや約束を守
りながら楽しくゲームに参加することができました。また、準備や片づけな
ども、自分から積極的に行うことができました。

◎ 「鬼遊び」では、友達と楽しそうに走り回り、汗を流す姿が印象的でした。
逃げてよいエリアをしっかりと守り、ルールが守れていない友達にやさしく
アドバイスすることもできました。

○ 「的当てゲーム」の学習では、順番や規則を守りながら友達と楽しむことが
できました。ゲームで負けても不機嫌になることなく、毎回のゲームを楽し
んでいる姿が印象的でした。

○ ボールゲームの学習では、友達と協力をして仲よく運動をする姿が見られま
した。また、準備や片づけも友達と役割を分担して積極的に行うことがで
きました。

△ ボールゲームの学習が好きで、意欲的に活動しています。しかし、「勝ちた
い」という気持ちからか、ルールに沿わないプレーをしたり、負けた時に不
機嫌になったりすることもありました。ルールを守ったり、勝敗を受け入れ
たりすることの大切さを指導してきました。

△ ボールに対する恐怖心からか、ボールゲームに積極的に参加できない場面
がありました。柔らかいボールや大きなボールを使うことによって、少しず
つゲームに参加できるようになりました。

F　表現リズム遊び

〔知識・技能〕　　　　　　　　　　　　　　　　　　評価のチェックポイント

●表現リズム遊びの楽しさに触れ、その行い方を知るとともに、題材になりき
ったり、リズムに乗って踊ったりしているか？

◎　「表現遊び」の学習では、ライオンが獲物を狙って捕まえるまでの様子を、
　ライオンの動きや姿勢を真似しながら、ライオンになりきって表現すること
　ができました。クラスの友達からも「ラオインそっくり」と高く評価されていま
　した。

◎　「リズム遊び」の学習では、ロックやサンバなどの軽快な曲のリズムに乗っ
　てスキップしたり、体を大きくねじったり伸ばしたりしながら、グループの友
　達と楽しそうに体を動かす姿が印象的でした。

○　「表現遊び」の学習では、「飛行機が離陸して空を飛び、着陸するところ」を、
　手をいっぱいに広げてダイナミックに表現することができました。

○　「リズム遊び」の学習では、軽快なリズムに乗って弾んだりスキップをしたり
　して、楽しい雰囲気を表現しながら踊ることができました。

△　「表現遊び」のはじめの頃は、恥ずかしさからかあまり動くことができません
　でした。全員で一緒の動きで表現してみたり、グループで一緒の動きをし
　てみたりするうちに、少しずつ体が動かせるようになってきました。

△　「リズム遊び」の学習では、リズムに乗ることに難しさを感じているようです。
　準備運動で簡単な振り付けの入ったダンスを全員で踊ったり、友達の動き
　を参考にしたりすることで、少しずつリズムに乗って踊れるように指導してき
　ました。

教科
体育

●身近な題材の特徴をとらえて踊ったり、軽快なリズムに乗って踊ったりする
簡単な踊り方を工夫したり、考えたことを友達に伝えたりしているか？

◎ 「表現遊び」の学習では、ジェットコースターの動きを、速さや高さを変えて
ダイナミックに表現することができました。また、友達が表現を工夫してい
るところをたくさん見つけ、発表することができました。

◎ 「リズム遊び」の学習では、曲全体の感じをとらえながら、様々な動きを考
えました。それらの動きをグループの友達に伝え、全員で組み合わせて踊
ることができました。

○ 「表現遊び」の学習では、鳥が大空を飛んでいる様子をどのように表現すれ
ばよいか考え、工夫しながら表現していました。

○ 「リズム遊び」の学習では、友達と協力しながら曲に合った振り付けを考え
て、リズムに合わせて踊ることができました。

△ 「表現遊び」の学習では、題材とあまりつながりのない動きになりがちでし
たが、友達からのアドバイスを生かし、発表会ではグループで一緒に表現
することができました。

△ リズムに乗って踊ることに対して抵抗感があった様子でしたが、友達や教師
の動きに合わせて体を動かすことによって、少しずつ自分から体を動かせる
ようになりました。

◎ 「表現遊び」では、友達と積極的に話し合いながら題材を選び、恐竜の動
きを楽しく真似しながら、協力して表現することができました。また、危な
そうな動きがあると、「別の動きにしよう」という意見も出され、安全に配慮
している様子がうかがえました。

◎ 「リズム遊び」では、リズムに乗って積極的に体を動かす姿が見られました。
グループの友達の話をよく聞いて、協力して運動を楽しんでいる姿が印象
的でした。練習の時に他のグループと活動場所が重なると空いたスペース
に移動するなど、安全に配慮しながら練習する姿勢も立派でした。

○ 「表現遊び」では友達と協力してアイデアを出し、題材である「遊園地」に合っ
たよりよい動きを進んで考える姿が見られました。

○ 「リズム遊び」では、音楽に合わせて楽しく体を動かしていました。みんな
が楽しく踊れるように、友達にステップの仕方を教える姿も見られました。

△ 「表現遊び」では最初、恥ずかしさからか自ら進んで動く様子があまり見ら
れませんでした。リズムのとり方や動き方をみんなと一緒に確認していくうち
に、少しずつ動けるようになりました。

△ 「リズム遊び」では、混み合った場所で練習をして友達とぶつかりそうにな
り、トラブルになったことがありました。安全に気をつけて活動できるよう、
指導してきました。

教科
体育

IV章

特別の教科　道徳
〈子どもの様子別〉

A　主として自分自身に関すること

B　主として人との関わりに関すること

C　主として集団や社会との関わりに
　　関すること

D　主として生命や自然、崇高なもの
　　との関わりに関すること

特別の教科　道徳

道徳の評価について

　通知表を手にした子どもと保護者が、笑顔になれる文面を目指したいものです。つまり◎のものを書くこととし、△は必要ありません。また基本的に、専門用語（道徳用語）は、使用しないほうがよいでしょう。保護者や子どもに伝わりにくいと思われます。

　道徳の評価は「魚つり」と考えてみましょう。年間、35匹釣り上げたならば、その内の1匹のよいものの魚拓をとるイメージです。「大くくりな評価」を気軽にとらえてみましょう。

4つのポイント

①児童の学習状況や道徳性に係る成長の様子が見えるところ。
②価値の理解を自分自身との関わりの中で深めていることが分かるところ。
③成長を積極的に受け止め、認め、励ます、個人に対する内容にする。
　→よって、数値による評価はしない。◎の部分を積極的に書く。△は書かない。
④特に顕著に見られる具体的な状況を記述する。

道徳ノート・ワークシートに書く視点

例）こんなことがあったよ（経験）
　　分かったこと、感じたこと（どこから分かったのか、友達の発言? 資料?）
　　こうしていきたいな、こうなりたいな（よりよい明日、よりよい自分を目指して）

決意表明とはしない

①自分を振り返る
②気づく
③こうなりたい　というパターンでは評価できません。

書くことのよさ

振り返り
積み重ね→次に生かす→学び方を教える
共感的なコメントを紹介する。

評価の書き方

□学期や年間を通した「大くくりなまとまり」の中での見取りを行った内容。

□一面的な見方から、より多面的・多角的な見方へと発展していったことや、道
　徳的価値を自分自身との関わりの中で深めている部分（授業で特化した言動な
　ど）などの内容。

基本パターン

　「（教材名）」の学習では、「（中心発問：［例］だれが一番親切なのか）」につ
いて考えました。
　「…………」と発言し（ノートにまとめ）、以前まで抱いていた「…………価値
（例）思いやり・友情など」に対する見方を（深め・広げ・もつ・考える～）こ
とができました。

教材名を入れないパターンでいくと…

　道徳の授業で○○（内容項目や主題名）について考えました。始め□□（導入
での考え）と考えていましたが、△△（発問や課題）を通して●●（子どもの発言
やノートの記述から）であることに気づきました（●●という思いをもちました）。

　○○（内容項目や主題名）に関する学習では、△△（発問や課題）を通して●
●（子どもの発言やノートの記述から）であることに気づきました。◆◆（子ども
の発言やノートの記述から）という思いをもちました。

特別の教科

道徳

授業中の発言や、ノート、ワークシートに書かれたその子なりの言葉を評価に入れてあげるとよいと思います。

　評価は、子どもの姿を思い浮かべながら書くものです。文章を読む中でその子のよさが思い浮かび、ちょっと笑みがこぼれるものを目指したいものです。

　本書の文例は、担任として受けもつ子どもの道徳ノートをもとにして作成していることから、ややつたない文章になったと感じるものもありますが、そのまま通知表に記入したものが多数あり、あえてそのまま文例にしています。

　また教材名をあえてそのまま載せている文例もあります。各自治体の使用している教科書とは違うこともあろうかと思います。あくまでも参考になればと思い、教材名を載せました。道徳的価値は変わらないので、教材名があった方が各自治体の教科書に合ったものに置き換えやすいのではないかと思います。

前おきに書くなら…

○いつも教材にどっぷりと入り込んで、自分の経験と合わせながら考える姿が見られました。

○教材文の登場人物に自分を重ね、ねらいとする道徳的価値について新たな発見や気づきを感じながら、学習に参加していました。

○授業内において、新しく広げ深められた価値の世界に対して、自分はどう考え、どう評価するのかを問い続け、道徳的価値や人間としての生き方の自覚を深めることができました。

○道徳の時間に大切にしている「学び合い」を学級のみんなとともに進めながら、道徳的価値への理解が深められるように取り組んでいました。

○教材文を通して考えたことや感じたことを積極的に話したり書いたりし、ねらいとする道徳的価値について考えを深めることができました。

○登場人物を自分に置き換えて、ねらいとする道徳的価値を深く理解しています。相手のことを考えてとるべき行動を選び、友達と話し合うことで、より確かな考えとして深めることができました。

留意しておきたいこと

・〜していました。→「学習活動の様子」として伝わりやすいですが、子どもと保護者には悲しく映るかもしれません。

・〜できました。→「道徳性に係る成長の様子」ととらえられると思います。「〜していました」よりも、「〜できました」の方が読む側にとっては、うれしいと思われます。

・「知る」という言葉は、知識・理解のことを表すことが多いようです。道徳的ではないと思われます。よって「知る」よりも、「気づく」「分かる」の方が望ましい表現と言えるでしょう。「知る」「気づく」「分かる」は、意味の異なる言葉ですので、使い分けましょう。

・教師が意識して使っている「多面的・多角的…」は、保護者に伝わりづらい言葉です。かみくだいて、子どものよさが伝わる文面を目指しましょう。

ここからは内容項目ごとに、文例を示していきます。

A　主として自分自身に関すること

A-1　善悪の判断、自律、自由と責任

- 「らくがき」の学習では、正しいと思ったことを行うために、自分の意見を相手にしっかり伝えることが大切だと気づいていました。「友達がもし悪いことをしていたら、見逃さずに注意をするなどして、いけないことを伝えたい」という思いをもつことができました。

- 「仲間外れにすることはおかしい」ということを、自らの経験と重ねながら自分なりの考えをもち、「でも勇気がいる…」と葛藤している思いをもつことができました。

- 失敗してしまった友達に対して怒ってしまう場合と、やさしく声をかける場合では、友達がどんな気持ちになるのかを考えました。「友達が嫌だと思うことは言わないほうがいい」という思いをもつことができました。

- 「善悪の判断」について考えた授業では、「自分も嫌な思いをしたことがあるから、同じことはしないようにしたい」という自分の経験を生かして、正しい行動をしようとする思いをもつことができました。

- 道徳の授業では、自分がよいと思っても、それを実行できない難しさがあることに気づきました。さらに、「なぜ主人公は気持ちがすっきりしたのか」をみんなで話し合うことで、「よいことを進んで行うと、相手も自分もうれしい気持ちになる」ということにも気づくことができました。

A-2　正直、誠実

- 「われた花びん」では、正直に話すことは難しいけれど自分の気持ちがすっきりすることに気づき、正直でいることの大切さについて深く考えることができました。

●正直にする心について考えました。正直になれない時の気持ちと正直になれた時の気持ちを比較することで、正直になったほうが気持ちがよいということに気づき、「勇気を出して正直に言いたい」という思いをもつことができました。

A-3　節度、節制

●「遅刻をすることで人を待たせて、迷惑をかけたことがある」という経験から、主人公と自分自身を重ね合わせて考えることができました。

●なぜ物を大切にするのかについて考えました。自分の筆箱を見つめながら、家族を含めたたくさんの人の思いがつまっていることに気づき、「筆箱を大切に使いたい」という思いをもつことができました。

●道徳で「身の回りの整頓」について考えました。教材に出てくる主人公と自分を重ねながら、「片づけないと困ることがたくさんあるな」と発言しました。整理整頓するよさを感じることができました。

A-4　個性の伸長

●「自分の特徴」に関わる学習では、教材に出てくる主人公が悪いところばかりではなく、よいところもたくさんあることに気づきました。「自分はどうだろう?」と自分自身の特徴について考え、自分にもよいところがたくさんあることに気づいていました。

A-5　希望と勇気、努力と強い意志

●一生懸命がんばるとうれしいことがたくさんあることに気づきました。「字が上手になるために毎日練習する」という新しい目標をもつことができました。

特別の教科 道徳

B　主として人との関わりに関すること

B-7　親切、思いやり

● 「はしのうえのおおかみ」の学習では、登場人物と自分自身を重ね合わせながらロールプレイ（劇）を行い、親切のよさや温かさを自分事として考えて発言をすることができました。

● 道徳の学習では、自分の経験と照らし合わせながら親切について考えることができました。また、親切にすると相手も自分も気持ちがよくなることに気づき、困っている人がいたら親切にしてあげようという思いをもちました。

B-8　感謝

● おじいさんやおばあさんは、長い間働き続け、家族を支えながら社会をつくってきた人であると改めて感じ、生活の知恵をいくつももっているから大切にしたいという思いをもつことができました。

● 道徳で、「感謝」について考えました。「ありがとう」という言葉は言われる方も言う方も気持ちがよくなると改めて理解し、積極的に感謝の気持ちを表していきたいという思いをもちました。

B-9　礼儀

● あいさつの大切さを学びました。あいさつをすると元気が出るということに気づき、「おはよう」などのあいさつはもちろん、「ありがとう」「いただきます」「いってきます」もしっかり言いたいと、具体的な目標を定めることができました。

● 道徳で気持ちのよいあいさつについて考えました。あいさつがある世界とあいさつがない世界を比較して考えることを通して、「あいさつがあると元気になれる」「してもらうとうれしいし、進んですると気持ちがよい」ということに気づきました。相手の気持ちを考えてあいさつをしていきたいという思いをもつことが

できました。

B-10　友情、信頼

●「二わのことり」の学習では、主人公の最初と最後の「よかった」の違いについて比較しながらロールプレイで演じ、友達の思いに寄り添う素晴らしさに気づくことができました。自分も主人公のように友達のさびしさに気づいて、助けられる人間になりたいという思いをもちました。

C　主として集団や社会との関わりに関すること

C-12　規則の尊重

●「きいろいベンチ」の学習では、登場人物と自分自身を重ね合わせながらロールプレイ（劇）を行い、きまりを守ることの大切さを考えた発言をすることができました。

●学んだことをもとにして、みんなで大切に使う場所や物はどんなものがあるかを考えてノートにまとめることができました。

C-13　公正、公平、社会正義

●「公正・公平」の学習では、「仲がいいから特別」と思って、何かをしてあげることがある自分に気づきました。しかし、みんなで話し合うことで、誰かを特別扱いすると、悲しむ人が出てくることに気づき、「みんな同じにできるようにしたい」という思いをもちました。

C-14　勤労、公共の精神

●授業で学んだことをもとにして、改めて家のお手伝いや学校での係活動や当番活動に対して意欲を高めることができました。

特別の教科
道徳

●最初「仕事はめんどうだ」というイメージをもっていましたが、仕事をがんばると、みんな笑顔になっていくことに気づきました。「大変だけどがんばりたい」という思いをもつことができました。

C-15　家族愛、家庭生活の充実

●家族が一生懸命働いてくれていたことに気づき、自分も家族のために働きたいという思いをもちました。

C-16　よりよい学校生活、集団生活の充実

●学校用務員さんの仕事について改めて知り、その仕事の幅広さから「自分にもできることはあるかな」「自分も学校のために働きたい」という思いをもつことができました。

C-17　伝統と文化の尊重、国や郷土を愛する態度

●「伝統や文化の尊重」に関わる学習では、あやとりやこまなどの道具は昔から遊ばれているものだということを知り、「もっと昔から遊ばれている道具を探してみたい」と伝統ある遊びに興味をもつ姿が見られました。

C-18　国際理解、国際親善

●「国際理解」に関わる学習では、他国の遊びについて知り、「面白そう」と他国の文化のよさを感じていました。また、「いろいろな国の遊びをやってみたい」と、他国の遊びに関心を高めていました。

D　主として生命や自然、崇高なものとの関わりに関すること

D-19　生命の尊さ

●「ハムスターの赤ちゃん」では、ハムスターのお母さんになって赤ちゃんに話しかけるという役割演技を通して、お母さんが赤ちゃんを大事にする気持ちに気づきました。また、生き物に対して「かわいがって、やさしくそだてたい」という思いをもちました。

D-20　自然愛護　※低学年は、身近な動植物が対象となります。

●「自然愛護」に関わる学習では、生き物の気持ちになって考えることができました。また、教室で飼っているメダカに接する時にも、メダカの気持ちを考えてお世話をしたいという思いをもつことができました。

●道徳で「自分の周りにある自然」について考えました。教材に描かれた町と自分の町を比べ、自分の身近にもたくさんの自然があること、そして、そこでしか得られない楽しさが存在していることに気づくことができました。さらに、そんな自然を大切にしていきたいという思いをもちました。

D-21　感動、畏敬の念

●家族と登った山の頂上で感動したことを思い出し、そこから自然の素晴らしさに気づき、「おもちゃもいいけど、家族みんなで見たあの景色は本当に宝物だなあ」という思いをもつことができました。

これはやめよう！　NGワード

△「～に感じました」
　→指導者の感想、本当にその子がそうなったかは分からないため。
△「努力する気持ちを大切にしてください」
　→指導者の期待であり、その子の成長を見取ったとは言えません。

その後の成長の様子を追いかけて、所見として記述することも大切

○道徳的価値について自分との関わりで考えることができるようになりました。
○自らを振り返り、成長を実感できるようになりました。
○これからの課題や目標を見つけることができました。
○掃除の時間では、「一生懸命働くことの大切さ」で学んだことを生かしながら、
　「掃除はなぜ必要なのか」を下学年に伝えながら活動することができました。

※道徳の授業でない部分は、「行動の記録」に書くことになります。

V章

特別活動
〈子どもの様子別〉

特別活動

指導要録の観点とその趣旨	
観点	趣旨
❶知識・技能	●多様な他者と協働する様々な集団活動の意義や、活動を行う上で必要となることについて理解している。 ●自己の生活の充実・向上や自分らしい生き方の実現に必要となることについて理解している。 ●よりよい生活を築くための話合い活動の進め方、合意形成の図り方などの技能を身に付けている。
❷思考・判断・表現	●所属する様々な集団や自己の生活の充実・向上のため、問題を発見し、解決方法について考え、話し合い、合意形成を図ったり、意思決定をしたりして実践している。
❸主体的に学習に取り組む態度	●生活や社会、人間関係をよりよく築くために、自主的に自己の役割や責任を果たし、多様な他者と協働して実践しようとしている。 ●主体的に自己の生き方についての考えを深め、自己実現を図ろうとしている。

1 学級活動

話合いの準備に意欲的に取り組もうとしている子

学級生活をよくしたいという強い思いをもっていたので、話合い活動に進んで取り組もうと、その準備に友達と励んでいました。

クラスの問題点を学級活動ノートに記入し、話合いの準備をしっかりとしていました。その意欲的な姿勢は素晴らしいです。

話合いの場面で、自分の意見をしっかりもって参加していた子

楽しい学級生活にするという議題について、積極的に話合いに参加し、自分の考えを理由も加えて発表することができました。

学級会では、毎回自分の考えをしっかりもって意見が言えました。○○さんの意見を聞いて納得し、自分の考えを変更する子や、それに対して自分の考えをもって反対する子も出て、日々話合いの質が高まっています。

できるだけ多くの人の発言を聞こうとしている子

学級会では、友達の発言をよく聞いています。賛成や反対意見など、理由も加えて発言でき、立派です。

学級会では司会者となり、できるだけたくさんの人の意見を聞こうとしていました。そのため、よい話合いができました。

係の活動を工夫して楽しくできる子

配り係になり、たくさんの配布物を毎日進んで配っていました。テキパキと配る姿に感心しています。

うた係として、アンケートを取って朝の会の歌を決めたり、黒板に1週間の歌の予定を書いたりと、工夫をこらした活動ができました。

自分の係以外のことでも、困っている友達がいたら進んで手伝っている子

整列係が声かけをしてもみんなが並べていない時など、「早く並ぼうよ」と呼びかける姿が見られました。いろいろなことに気づき、進んで行動できる○○さんは、みんなから信頼されています。

クラスで飼っている生き物が弱ってきて生き物係が困っていた時、一緒に本で調

べたり、水を替えるのを手伝ったりしていました。よく気がつき、誰にでもやさしい○○さんです。

学級の集会で進んで係の仕事を引き受け、次々とアイデアを出している子

○月の誕生会では、ゲーム係を引き受けました。楽しいゲームを考え出し、会を盛り上げることができました。○○さんのアイデアの面白さにいつも驚かされます。

学級集会では、司会や説明係を進んで引き受けたり、よいアイデアを出したりして、楽しい集会にすることができました。

学級の集会で友達と協力して活動し、楽しい雰囲気をつくっていた子

学級の「ドッジボール集会」では、係の友達に協力して素早く行動していました。ドッジボールで大活躍の○○さんですが、自分がとったボールを友達に投げさせてあげていました。みんなが楽しめるように気を配る姿がとても印象的でした。

2 児童会活動

他学年の人とも進んで友達になろうとしている子

縦割り活動では、他学年の子に自分から話しかけ、関わっていこうとする様子が見られました。人なつっこく頼もしい○○さんです。

児童会活動（縦割り班活動）では、進んで異学年の子と関わろうと輪の中に入っていけます。枠にとらわれない○○さんの大らかな性格を、大切にしたいと思います。

他学年の人の言うことをよく聞いて、楽しく活動することができる子

全校遠足では、6年生の言うことをよく聞いて活動できました。班の友達ともすっかり仲よくなり、「次はいつあるの」と他学年の人たちとのふれあいを楽しみにしていました。

児童会活動「○○祭」では、高学年と相談しながら、2年生なりに自分の役割を果たし、協力して活動していました。

代表委員会の議題について、全校のことを考えて意見を言うことができる子

6年生を送る会に向けてのプレゼントづくりの話合いでは、寄せ書きに賛成しました。「お世話になった6年生にありがとうを伝えたい。喜んでほしい」という自分の意見を言うことができ、立派です。○○さんの心の成長を感じます。

代表委員会で「全校で遊ぶ集会」を提案しようとした時、1年生から6年生までが一緒に遊べることを考えて、意見を言うことができました。

集会活動では、リーダーの言うことをよく聞いて楽しく活動できる子

全校クイズラリーでは、6年生の班長さんの言うことをよく聞いて、楽しく活動できました。わがままを言わずに協力できるところは○○さんのよさです。これからも大切にしてほしいと思います。

秋に行った全校児童集会では、ルールを守り一生懸命ゲームに参加することができました。

特別活動

3 学校行事

入学式では新入生代表としてがんばった子

入学式では、緊張しながらもはっきりとした声で返事をすることができました。その行動に、上級生の目もしっかりと注がれていました。

入学式では新入生代表として登壇し、教科書を受け取る役目を立派に果たすことができました。これが明日への自信につながることを願ってます。

入学式では新入生を迎える歌や呼びかけの練習をがんばった子

入学式の練習では、自分のせりふを相手によく分かるようにはっきり言うことができました。本番でも、堂々とした態度でせりふを言うことができました。

入学式のお迎えの呼びかけに立候補しました。新入生が「学校が楽しい」と感じられる呼びかけになるように、明るく大きな声で練習に励んでいました。

遠足では、意欲的に取り組み、その成果を十分に発揮することができた子

遠足の時、きまりをしっかり覚えており、グループの中でもリーダーとして積極的に活動することができました。

遠足では、みんなで遊び方について話し合い、ルールについても決めていたため、当日はトラブルもなく楽しい時が過ごせました。

学習発表会では、友達と協力して楽しく発表することができた子

上手に発表をできないでいる友達にやさしく声をかけながら、励まし、楽しく笑顔で発表することができました。大きな自信になったと思います。

学習発表会の劇では台本の行間を読み、友達がせりふを言っている時の演技も考え、みんなで協力して練習を積み上げてきたため、当日はその成果を表すことができました。

朝会で話をよく聞き、その内容を自分に返して考えることができる子

全校朝会では、話をしている人の方を向き、とてもよい姿勢で聞いていました。教室に帰るとすぐに感想を話しに来ました。

全校朝会での姿勢が素晴らしいです。校長先生の話もしっかり聞いています。「今日のお話は○○○だったね」と言いながら、自分の生活と照らし合わせて考えていました。

運動会では意欲的に取り組み、自分の力を発揮できた子

運動会の玉入れでは、クラスの友達と協力し、楽しそうに参加していました。なかなか入らない友達に「がんばれ！」と声をかけている姿が印象的でした。

運動会の表現運動「○○」では、練習の時から意欲的に取り組んでいました。当日は、見事に動きを合わせ、表現を楽しむことができました。

特別活動

執筆者紹介

[編集責任]

二宮龍也	元・神奈川県小田原市立大窪小学校／詩人／「未来の子どもを育む会」代表
府川　孝	元・神奈川県小田原市立東富水小学校／国語教育研究会「こゆるぎ会」会長
小菅克己	元・神奈川県小田原市立報徳小学校／「全国国語授業研究会」顧問

[執筆者] (五十音順)

神谷啓之	神奈川県小田原市立東富水小学校
川上美穂	神奈川県厚木市立三田小学校
北村ひかり	神奈川県小田原市立三の丸小学校
久保寺桃子	神奈川県小田原市立久野小学校
釼持ゆか	神奈川県小田原市立新玉小学校
近藤基子	神奈川県小田原市立報徳小学校
里見由紀	神奈川県湯河原町立湯河原小学校
柴田典子	神奈川県小田原市立三の丸小学校
竹内雅己	神奈川県小田原市立豊川小学校
田中　潤	神奈川県相模原市立上溝南小学校
田中琢世	神奈川県小田原市立芦子小学校
田中　靖	神奈川県小田原市立酒匂小学校
垂水宏昌	神奈川県小田原市立三の丸小学校
津田和彦	神奈川県大井町立大井小学校
鶴井絵里	静岡県小山町立足柄小学校
永井直樹	神奈川県座間市立旭小学校
長山あかね	神奈川県小田原市立三の丸小学校
野田あらた	神奈川県真鶴町立まなづる小学校
星嵜優子	神奈川県小田原市立豊川小学校
峰　裕文	神奈川県小田原市立東富水小学校
宮川由大	神奈川県小田原市立芦子小学校
宮田泰範	神奈川県小田原市立国府津小学校
物部典彦	神奈川県小田原市立報徳小学校
府川奈央	神奈川県秦野市立渋沢小学校
和田大輔	神奈川県小田原市立富水小学校

※所属は令和2年6月現在

[編集協力]
株式会社ナイスク　http://naisg.com
松尾里央／岸 正章／大島伸子／内海舜資

[装丁]
中濱健治

[本文デザイン]
株式会社キガミッツ　http://kiga3.jp
森田恭行／森田 龍／高木瑶子

[イラスト]
おおたきまりな

【CD-ROMの使用に当たって】
必要動作環境：CD-ROM を読み込むことができるパソコン
でお使いいただけます（推奨OS：Windows 10）。処理速
度の遅いパソコンでは開くのに時間がかかることがあります。

小学校低学年　子どもの学びが深まる・広がる

通知表所見文例集

2020（令和2）年 7月22日　初版第1刷発行

著　者―――評価実践研究会

発行者―――錦織圭之介

発行所―――株式会社 東洋館出版社

　　　　　　〒113-0021 東京都文京区本駒込5-16-7
　　　　　　営業部　TEL：03-3823-9206
　　　　　　　　　　FAX：03-3823-9208
　　　　　　編集部　TEL：03-3823-9207
　　　　　　　　　　FAX：03-3823-9209
　　　　　　振　替　00180-7-96823
　　　　　　U R L　http://www.toyokan.co.jp

印刷・製本―藤原印刷株式会社

ISBN978-4-491-04106-3　　Printed in Japan